陪伴
心智成长

语文教学的探索与实践

蔡 勤 ◎ 著

海峡出版发行集团 | 海峡文艺出版社

图书在版编目(CIP)数据

陪伴心智成长:语文教学的探索与实践/蔡勤著.－福州:海峡文艺出版社,2025.6
ISBN 978-7-5550-4092-7

Ⅰ.G633.302

中国国家版本馆 CIP 数据核字第 2025VY8838 号

陪伴心智成长
　　——语文教学的探索与实践

蔡　勤　著	
出 版 人	林　滨
责任编辑	林可莘
出版发行	海峡文艺出版社
经　　销	福建新华发行(集团)有限责任公司
社　　址	福州市东水路 76 号 14 层
发 行 部	0591－87536797
印　　刷	福建新华联合印务集团有限公司
厂　　址	福州市晋安区福兴大道 42 号
开　　本	787 毫米×1092 毫米　1/16
字　　数	230 千字
印　　张	16.75
版　　次	2025 年 6 月第 1 版
印　　次	2025 年 6 月第 1 次印刷
书　　号	ISBN 978-7-5550-4092-7
定　　价	48.00 元

如发现印装质量问题,请寄承印厂调换

序

鲍道宏

德国大哲学家雅斯贝尔斯说："教育是爱的行为，而爱不是灌输。"是的，教育是春风化雨的浸润，是以心契心、以情怡情的守候。

在信息奔涌的时代，语文教育应是一叶承载文化的轻舟，载着学生抵达知识的彼岸，在此过程中历练他们的能力，涵养他们的素养。怎样让课堂成为语言文字运用能力发展的平台、思维拔节的沃土、情感丰赡的经历？这些问题，叩击着语文教学研究者的心扉，在他们心中激荡回响。

本书作者蔡勤的语文教学与教研给出了很好的答案。

蔡勤深耕语文教育领域30载，其间曾扎根中学语文教学一线17年，亲历初高中循环教学，并担任教务主任8年。后因成绩突出，调入福州教育研究院担任中学语文教研员，引领区域语文教学改革与发展工作。近年，再调入高校专门从事基础教育语文教学研究。她的工作、研究经历贯通中小学至高等教育的语文教学全过程。

蔡勤是福建省学科带头人。学习期间，我注意到她的教育教学研究的实力。后来接触中，发现她还有着丰富的教学实践和理论积累。在长达30年的教育教学及其研究中，她始终以学生心智成长为核心，构建自己的语文教育理论与实践交织的理论体系。我们看到的这部著作，既是她多年求索的智慧结晶，也是她对语文教育本质的深情凝望。

全书以"语文教学应陪伴学生心智成长"为精神内核，主张语文教育应超越工具理性藩篱，迈向生命对话的澄明之境。这一理念根植于教育学的生命发展理论，汲取认知建构理论精髓，同时浸润中华文化的智慧。作者描绘出语文教育三维立体的成长图景：在逻辑思辨中建构知识体系，在文学浸润中涵养审美情愫，在读写实践中锤炼思维品格。本书以"理论筑基—策略赋能—实践生辉"为经纬，编织出语文教育的完整图谱。

开篇以教学主张为北斗，指引核心素养导向下的教育航向；继以阅读、作文、评课为舟楫，载读者驶向群文阅读的星海、写作思维的激流、课堂评析的深潭。书中既有对当下初高中教学热点的追问，如群文阅读、古诗词教学等，还有对指向核心素养的教学难点的攻关，如高中议论文写作研究。书中提供了丰富而详尽的案例，全面展示了初高中教师如何在课堂上践行语文新课程标准，落实语文核心素养提升的具体策略与方案。而所有对教学实景的描绘，都可以看作是蔡勤在教学实践上迈出的一步又一步稳健而扎实的探索足迹。文字中透露她的教学思想，体现她的教学主张，展露她追寻教学真相的决心与毅力。每一项教学设计，每一次课堂实践，都是具体而真实的教育理念呈现；针对课堂教学的评析，是她的教学智慧的结晶。在这样的文字中，我们看见的是一个真正的教学实践者成长的历程。

尤其可贵的是——本书提出的"陪伴"二字。蔡勤以语文教学实践与理论重塑了师生关系范式——教师不再是单向的传道者，而是与学生共执探索之灯，在文本间寻觅智慧之光。

阅读这部书，你会发现作者在尝试探索语文教学的新时代路径，通过项目化学习把传统文化和现实生活联系起来。她把高深的文学理论变成课堂上的实用方法，既符合新课标要求，也让语文课更接地气。这些探索不仅回应了"教—学—评"一致性的课标诉求，更在技术赋能中守护着语文教育的文化根脉。

对躬耕杏坛的一线教师来说，此书是语文教学的百宝箱，从目标设计到情境创设，从课堂教学到评价反思，都能找到实用的策略。此书不仅有具体操作的过程，提供参照的范例，也如标杆，有助于一线教师明确专业发展方向，把握语文教学发展的本质。

我们在书中看到的，不仅是作者教学技艺的精湛、教研功力的深厚，更有教育情怀的温厚。蔡老师以文化为壤，培育心灵，绽放智慧花朵，语文教育在此成为生命的共鸣。

愿此书可以为帆，助力每位矢志语文教育教研的朋友在广阔的专业发展的海洋中远航。

2025 年春于榕城

目　录

第三部分　问道课堂：课例设计与教学创新的双向赋能

总

论

教学主张：语文教学应陪伴学生心智成长

教学主张体现教师对教学本质的深刻理解和对学生全面发展的关注，旨在通过多样化的教学方法和丰富的教学内容，培养学生的语文素养和综合素质。语文，作为一门基础学科，承载着传承文化、塑造思维、培养情感等多重使命。

我有丰富的语文教学实践经验。曾担任过 17 年中学一线的语文教学工作，经历过初中和高中学段的循环教学，并在学校担任过 8 年教务主任，对一线语文教学有丰富的实践经验；在福州教育研究院担任 8 年市级语文教研员，深耕语文教学研究，在区域教研中起到引领和辐射作用；近 5 年在高校的基础教育研究所工作，对基础教育中的语文教学，如中学及小学语文教学研究均有涉及。

从教育学理论对该主张进行思考。一是结合"学生发展理论"进行思考。从心理学、社会学等角度解释学生成长和发展的规律，指导教师在教育实践中促进学生心智发展。如整合型发展理论体系中的自我主导发展理论，从认识论维度、个人内在维度、人际维度上分析学生心理发展过程，教育者应鼓励学生表达内心声音，成为学生的学习伙伴。二是结合"教育哲学"进行思考。探讨教育的本质、目的、价值等根本问题，为语文教学提供哲学层面的思考和指导。它能帮助教师树立正确的教育观念，明确语文教学不仅是知识的传授，更是学生心智成长和人格塑造的重要途径。

从心理学理论对该主张进行思考。一是结合"认知发展理论"进行思考。个体的认知能力会随着年龄和经验的增长而逐渐发展，并在不同阶段表现出不同特征。个体通过与外界互动和经验，建立知识结构和认知模式。语文教学中，教师应提供适宜的学习资源和活动，帮助学生主动构建知识结构，培养逻辑思维、抽象思维等能力。二是结合"元认知理论"进行思考。元认知是对认知的认知，包括元认知知识、元认知体验和元认知监控。语文教学中，教师可培养学生对学习过程的监控和调节能力，使其能更好地掌握学习方法，提高学习效果，进而促进心智成长。

在长期教学实践与教育学心理学理论思考中，我对语文教学逐渐形成一定的理念和方法体系，因此提出"语文教学应陪伴学生心智成长"这一教学主张。

一、教学主张体现的教学理念与教学方法

（一）"语文教学应陪伴学生心智成长"在教学理念方面的体现

1.**核心素养导向**。语文教学致力于全体学生核心素养的形成与发展，包括语言建构与运用、思维发展与提升、审美鉴赏与创造、文化传承与理解等方面。教学中不仅注重知识传授，更强调学生能力的培养和价值观的塑造。

2.**生活化教学**。强调语文与生活的紧密联系，主张将生活引入语文课堂，让学生在真实的生活情境中学习语文，提升语文素养。例如通过演讲活动、研究性写作等，让学生将所学知识与生活实际相结合。

3.**融通教学**。主张语文教学可以融合德育工作、其他学科资源，充分利用语言文字的工具性与人文性，进一步提升学生的语文素养。例如在教学中融入文化传承、道德教育等内容，使学生在学习语文的同时，也能得到全面的发展。

（二）"语文教学应陪伴学生心智成长"在教学方法方面的体现

1.**自主合作探究学习**。倡导学生自主学习、合作探究，尊重学生

的个体差异，鼓励学生选择适合自己的学习方式。教师在教学中扮演组织的引导者、陪伴者的角色，通过创设良好的学习情境，激发学生的学习兴趣和主动性。

2. 情境教学法。教师运用恰当的手段，有目的地引入或创设具有一定情感色彩的，形象、生动、具体的场景，以引起学生的情感体验，帮助学生理解文本，促其情感与认知获得同步发展。

3. 读写结合法。在学生阅读文本之后，基于学生对文本内容的理解和评价，教师指导学生进行写作练习，以读促写。这种方法能够帮助学生更好地理解和吸收文本内容，同时提高学生的写作能力。

4. 课外延伸法。在课堂中指导学生掌握课堂教学内容的前提下，有意识地提出（或布置）指向课外阅读或其他课外语言运用实践的拓展性问题（或任务），激发学生进一步自主学习的兴趣。

二、内涵阐释

（一）心智的内涵

"心智"是一个涵盖广泛的词汇，主要指人的思维、认知、情感、意志等心理活动和能力。它就像一台复杂的机器，驱动着我们感知世界、处理信息、做出决策和表达情感。心智能力的强弱和特点，会影响一个人的学习、工作、生活以及与他人的交往等方方面面。比如，拥有良好心智能力的人，在面对复杂问题时，能够冷静分析、理性思考，找到有效的解决办法；在与他人相处时，能够理解他人的想法和感受，建立良好的人际关系。

"心"指语文学习需要真心、耐心、细心、恒心、好奇心等。真心，指通过语文学习塑造良好品德，提升道德境界；耐心，指语文学习需要长期缓慢过程，要反复学习，耐心推敲；细心，指在学习过程中要多思考，提高思维品质；恒心，指面对语文学习困难要调整方法，坚持不懈；好奇心，指对语文学习中有趣的现象进行探究，挖掘深刻内涵。

"智"指智慧，智慧地运用学习方法：灵活运用阅读策略、巧妙运用学习技巧；智慧选择学习内容：精准筛选阅读材料、合理挑选写作素材；智慧地思考语文问题，提升道德认知：深入探究文本内涵，联系生活实际反思。

（二）心智成长涵盖了认知、情感、意志等多个层面

在认知上，学生通过语文学习不断拓展知识边界，提升思维能力，从对字词句的识记理解，到对文章结构、主题思想的分析把握，再到对文学作品背后文化内涵、哲学思考的领悟，逐步构建起自己的知识体系与思维框架。情感层面，语文教学中的诗词歌赋、散文小说等作品蕴含着丰富的情感元素，能够激发学生的喜怒哀乐，培养他们的同情心、审美情趣与道德情感，使其情感世界更加细腻、丰富。意志方面，语文学习过程中的阅读理解、写作表达等活动需要学生克服困难、持之以恒，从而锻炼其意志力与毅力，养成良好的学习习惯与品质。

（三）陪伴的内涵

"陪伴"并非简单的跟随，而是一种全身心的投入与引导。教师在语文教学中要与学生建立起平等、信任、尊重的师生关系，成为学生心智成长道路上的同行者与引路人。在课堂上，教师要关注每个学生的学习状态与心理变化，给予及时的鼓励与支持，帮助他们解决学习中的困惑与难题；在课外，教师要引导学生开展广泛的阅读与实践活动，拓展语文学习的空间，让学生在真实的生活情境中运用语文知识，提升语文素养，同时也在这一过程中促进学生心智的全面发展。

"陪伴"可以有：师生互为学习伙伴，生生相伴解决疑难，打造学习环境全面伴随，优秀习惯终身相伴等。

1.师生互为学习伙伴。在教育的舞台上，师生并非传统的单向传

授关系，而是互为学习伙伴。教师凭借丰富的知识和经验引导学生，同时从学生的独特视角和创新思维中汲取灵感，不断更新教育理念。学生在学习中成长，也在与教师的交流中启发教师。这种双向互动，让教学相长，共同进步，构建起充满活力与创新的学习共同体。

2. 生生相伴解决疑难。在学习和生活中，生生相伴是解决问题的重要方式。同学们在面对难题时，相互讨论、分享思路，从不同角度探索答案。这种合作不仅能激发思维碰撞，还能培养团队精神。当一个人陷入困境时，其他同学伸出援手，给予支持和鼓励。生生相伴，让问题不再是阻碍，而是共同成长的契机，让学习之路充满温暖与力量。

3. 打造学习环境全面伴随。打造全面伴随的学习环境，意味着学习无处不在、无时不有。教室里，师生互动、生生合作，营造浓厚学术氛围；课后，线上平台推送资源，线下图书馆提供沉浸空间。校园外，社会实践、自然探索拓宽视野。从课堂到生活，从线上到线下，学习环境全面伴随，让学习成为一种生活方式，助力学生在多元场景中持续成长。

4. 优秀习惯终身相伴。优秀是一种习惯，更是一种追求。它不应只停留在一时，而应与我们终身相伴。喜欢优秀，意味着不断挑战自我，追求卓越。在学习中，学生用勤奋积累知识；在生活中，学生用自律塑造品质。优秀让师生在成长的道路上熠熠生辉，而喜欢优秀，便是选择与更好的自己同行一生。

三、实践路径

（一）创设情境，激发认知兴趣

语文教学应突破传统课堂的局限，创设丰富多样的教学情境，激发学生认知兴趣，促进其心智成长。信息技术的融入也为语文教学带来新活力，借助多媒体、网络平台，拓宽学习空间，激发学习兴趣，更好地促进心智成长。

例如，在学习古诗词时，教师可以借助多媒体技术，展示与诗词相关的图片、视频、音乐等，营造出诗中所描绘的意境，让学生仿佛身临其境，更好地理解诗词的意象、情感与主题。在教学《沁园春·长沙》时，播放湘江秋景的视频，配上激昂的音乐，学生就能更直观地感受到词中所蕴含的壮志豪情，进而深入探究词句的内涵与艺术手法，提升思维能力与审美水平。此外，还可以开展角色扮演、情景剧表演等活动，让学生在参与中体验文本内容，加深对人物性格、情节发展等的理解，培养他们的想象力与创造力。

（二）开展合作探究，培养思维能力

合作探究是促进学生心智成长的有效方式。在语文教学中，教师要精心设计合作探究任务，引导学生围绕文本中的重点、难点问题展开讨论与交流。项目式学习让学生围绕一个主题展开深入探究，如研究"家乡文化"，学生在查阅资料、实地考察、撰写报告的过程中，综合运用语文知识与技能，提升实践能力与创新思维，心智在实践中得到锻炼与提升。通过合作探究，学生学会了倾听他人意见、表达自己想法、分析解决问题，思维的深度与广度得到拓展，批判性思维与创造性思维也得到培养。同时，这一过程还能增强学生的团队协作意识与沟通能力，促进其社会性心智的发展。

（三）注重情感体验，丰富情感世界

语文教学要充分挖掘文本中的情感因素，引导学生进行情感体验，丰富其情感世界。在教学过程中，教师要以情动人，通过生动的讲解、富有感染力的语言，将文本中的情感传递给学生。例如，在讲授《背影》一课时，教师可以声情并茂地朗读文中描写父亲为儿子买橘子的片段，让学生感受到父子之间深厚的情感。同时，要鼓励学生联系自己的生活实际，分享自己与父母、亲人、朋友之间的情感故事，引发情感共鸣。此外，还可以组织学生开展诗歌朗诵会、文学作品赏析会等活动，让学生在欣赏与表达中陶冶情操，培养高尚的道德情感与审美情趣，使他们的心灵得到净化与升华。

（四）鼓励写作表达，锻炼意志品质

写作是语文教学的重要组成部分，也是锻炼学生意志品质的有效途径。教师要鼓励学生积极进行写作表达，为他们提供广阔的写作空间与自由的写作话题。在写作过程中，学生需要克服构思难、选材难、表达难等诸多困难，这一过程能够锻炼他们的意志力与毅力。教师要对学生写作给予耐心的指导与鼓励，帮助他们树立写作信心，养成良好的写作习惯。例如，可以开展日记写作活动，让学生每天记录自己的所见所闻、所思所感，培养他们的观察力与思考力；还可以组织作文竞赛、文学社团活动等，激发学生的写作兴趣，提高他们的写作水平。通过长期的写作训练，学生不仅能够提升语文素养，还能在克服困难、不断进步的过程中磨砺意志品质，形成积极向上的人生态度。

四、价值意义

（一）促进学生全面发展

"语文教学应陪伴学生心智成长"的教学主张，关注学生的认知、情感、意志等多方面发展，有助于培养出具有健全人格、创新思维与社会责任感的全面发展的人才。在语文学习过程中，学生不仅掌握了丰富的语文知识与技能，还提升了思维能力、审美情趣与道德品质，为他们的终身发展奠定了坚实的基础。这种全面发展的教育理念符合新时代教育改革的要求，能够更好地适应社会对人才的需求，使学生成为有理想、有本领、有担当的新时代青年。

（二）提升语文教学品质

这一教学主张促使教师转变教学观念，从传统的知识传授者向学

生心智成长的陪伴者与引导者转变。教师在教学过程中更加注重学生的主体地位，关注学生的学习体验与个体差异，采用多样化的教学方法与手段，激发学生的学习兴趣与潜能。这不仅能够提高语文教学的效率与质量，还能使语文课堂充满活力与创造力，营造出积极向上、民主和谐的教学氛围，提升语文教学的整体品质，为学生的语文学习创造更好的条件。

（三）传承与发展文化

语文是文化的重要载体，承载着中华民族数千年的优秀传统文化与人类文明的智慧结晶。通过"语文教学应陪伴学生心智成长"的教学实践，学生在学习语文的过程中能够深入理解与感悟文化内涵，传承与弘扬优秀传统文化，增强文化自信。同时，学生的心智成长也能够为文化的创新发展注入新的活力与动力，使他们在未来的文化传承与创新中发挥更大的作用，推动文化的繁荣与发展，让语文教学在传承与发展文化方面发挥出更加重要的作用。

"语文教学应陪伴学生心智成长"的教学主张，是对语文教学本质的深刻把握与时代要求的积极回应。在这一主张的引领下，语文教学将更加关注学生的个体发展，更加注重教学过程的体验与感悟，更加致力于培养学生的综合素质与创新能力，为学生的成长成才提供有力的支持与保障，为教育事业的发展贡献更大的力量。

五、教学主张的实施策略

为了将"语文教学应陪伴学生心智成长"这一教学主张落到实处，教师需要在教学实践中采取一系列具体的实施策略。这些策略不仅能够帮助教师更好地引导学生，还能有效提升学生的语文素养和综合素质。

（一）个性化教学，尊重学生差异

每个学生都是独特的个体，拥有不同的学习风格、兴趣爱好和认知水平。因此，语文教学应注重个性化教学，尊重学生的个体差异。教师可以通过以下方式实现个性化教学。

1. 分层教学。根据学生的学习能力和水平，将学生分为不同的层次，设计适合每个层次的教学内容和任务。例如，对于基础较弱的学生，教师可以提供更多的阅读材料和写作指导；对于能力较强的学生，则可以设计更具挑战性的任务，如文学创作或深度文本分析。

2. 差异化作业。教师可以根据学生的兴趣和能力，布置不同的作业。例如，对于喜欢写作的学生，可以鼓励他们多进行文学创作；对于喜欢阅读的学生，则可以推荐适合他们的书籍，并要求他们撰写读书笔记。

3. 个性化反馈。教师应针对每个学生的学习情况，提供个性化的反馈和建议。通过这种方式，学生能够更好地了解自己的优点和不足，从而有针对性地改进。

（二）跨学科融合，拓宽语文视野

语文教学不应局限于单一的学科知识，而应与其他学科进行融合，拓宽学生的语文视野。通过跨学科教学，学生能够更好地理解语文知识的实际应用，并培养综合思维能力。

1. 语文与历史的融合。在语文教学中，教师可以结合历史背景，帮助学生更好地理解文学作品的时代背景和文化内涵。例如，在学习《红楼梦》时，教师可以引导学生了解清代的社会结构和文化特点，从而加深对作品的理解。

2. 语文与科学的融合。语文教学也可以与科学知识相结合。例如，在学习科普类文章时，教师可以引导学生探讨科学现象背后的原理，并通过写作表达自己的科学见解。

3.语文与艺术的融合。语文教学还可以与音乐、美术等艺术学科相结合。例如，在学习古诗词时，教师可以引导学生通过绘画或音乐来表达诗词中的意境，从而增强学生的审美体验。

（三）信息技术赋能，创新教学方式

随着信息技术的快速发展，语文教学也应充分利用现代技术手段，创新教学方式，提升教学效果。信息技术的应用不仅能够丰富教学内容，还能激发学生的学习兴趣。

1.多媒体教学。教师可以通过多媒体技术，将文字、图片、音频、视频等多种形式的教学资源融入课堂。例如，在学习《荷塘月色》时，教师可以播放相关的自然风光视频，帮助学生更好地理解文章中的意境。

2.在线学习平台。教师可以利用在线学习平台，为学生提供丰富的学习资源和互动机会。例如，通过在线平台，学生可以参与讨论、提交作业、进行在线测试等，教师也可以及时了解学生的学习进度和问题。

3.虚拟现实（VR）技术。新兴技术可以为语文教学带来全新的体验。例如，在学习《西游记》时，教师可以利用VR技术，带领学生"走进"故事中的场景，增强学生的沉浸感和参与感。

六、教学主张的评价与反思

为了确保"语文教学应陪伴学生心智成长"这一教学主张的有效实施，教师需要建立科学的评价体系，并对教学过程进行持续的反思和改进。

（一）多元化的评价方式

传统的语文教学评价往往过于注重考试成绩，忽视了学生的综合素质和心智成长。因此，教师应采用多元化的评价方式，全面评估学生的学习成果。

1.过程性评价。教师应关注学生在学习过程中的表现，而不仅仅是最终的结果。例如，可以通过课堂参与度、小组合作表现、作业完成情况等，评估学生的学习态度和进步。

2.表现性评价。教师可以通过学生的实际表现来评估他们的语文能力。例如，通过演讲、辩论、写作比赛等活动，评估学生的语言表达能力、思维能力和创造力。

3.自我评价与同伴评价。教师可以引导学生进行自我评价和同伴评价，帮助他们更好地认识自己的优点和不足。通过这种方式，学生能够培养自我反思的能力，并学会从他人的角度看待问题。

（二）教学反思与改进

教师在教学过程中应不断进行反思，及时调整教学策略，以更好地满足学生的需求。教学反思可以从以下几个方面进行。

1.教学目标的达成情况。教师应反思每节课的教学目标是否达成，学生是否真正掌握了所学内容。如果发现教学目标未能达成，教师应及时调整教学方法和内容。

2.学生的学习体验。教师应关注学生在课堂中的学习体验，了解他们对教学内容和方式的反馈。通过与学生沟通，教师可以更好地了解他们的需求，从而改进教学。

3.教学方法的有效性。教师应反思所采用的教学方法是否有效，是否能够激发学生的学习兴趣和主动性。如果发现某种教学方法效果不佳，教师可以尝试其他方法，如情境教学、合作学习等。

七、教学主张的未来展望

"语文教学应陪伴学生心智成长"这一教学主张，不仅是对当前语文教学现状的反思，更是对未来语文教育发展的展望。随着社会的不断进步和教育理念的更新，语文教学将面临更多的机遇和挑战。

（一）语文教学的智能化发展

随着人工智能技术的快速发展，未来的语文教学将更加智能化。教师可以利用人工智能技术，为学生提供个性化的学习建议和资源。例如，通过智能学习系统，学生可以根据自己的学习进度和兴趣，选择适合自己的学习内容和任务。同时，教师也可以通过智能系统，实时监控学生的学习情况，及时提供帮助和指导。

（二）语文教学的全球化视野

在全球化的背景下，语文教学应注重培养学生的国际视野和跨文化沟通能力。首先，教师可以通过引入世界文学作品、开展国际交流活动等方式，帮助学生了解不同文化的特点和价值观，培养他们的全球意识和文化包容性。其次，使学生在中华文化传承与创新中发挥更大的作用，在世界舞台上展示传播中华优秀传统文化，让更多的人来了解学习博大精深的中国文化，推动中华文化的繁荣与发展。

（三）语文教学的终身学习理念

未来的语文教学应更加注重培养学生的终身学习能力。教师应引导学生树立终身学习的理念，培养他们的自主学习能力和创新思维。通过语文学习，学生不仅能够掌握语言技能，还能培养批判性思维、创造性思维和解决问题的能力，为他们的终身发展奠定坚实的基础。

"语文教学应陪伴学生心智成长"这一教学主张，体现了对语文教学本质的深刻理解和对学生全面发展的关注。在这一主张的引领下，语文教学将更加注重学生的个体差异、情感体验和综合素质的培养。通过多样化的教学方法和丰富的教学内容，教师能够更好地陪伴学生的心智成长，帮助他们在语文学习中获得知识、提升能力、塑造人格，成为具有健全心智和全面素养的新时代人才。

理论对话：阅读素养与思维成长的共生路径

第一部分

在语文的世界里，阅读是开启心智之门的钥匙。本章节聚焦于阅读素养与思维成长的思考，深入探讨如何在语文教学中实现二者的深度融合。

从核心素养的解读到精准教学体系的构建，从群文阅读的创新实践到跨媒介阅读的前沿探索，试图打破传统阅读教学的局限，引领学生在阅读中思考、在思考中成长。无论是古诗词的"三读法"，还是叙事学理论在小说鉴赏中的应用，抑或是《红楼梦》项目化学习的实践，都旨在为学生搭建一个多元化的阅读平台，让他们在阅读中感受语言的魅力，培养思维的深度与广度。

让我们一同走进阅读的世界，探寻学生心智成长的共生路径。

"核心素养"，理解语文新课标的第一要义

《高中语文课程标准》提出，学科核心素养是学科育人的集中体现，是学生通过学科学习而逐步形成的正确价值观、必备品格和关键能力。正确、全面地理解核心素养，是理解新课标的关键。

一、词源的解读

理解"核心素养"，先从词源上入手。"核心"在《现代汉语词典》中解释为"主要部分"。所谓"主要"，是与同一系统内的其他组成部分相对而言的，也指示各组成部分间的关系。"主要"，就是比对"次要"而言，这部分是系统中最重要的组成。"素养"在《现代汉语词典》中解释为"平日的修养"。可见，"素养"就是在自然状态下展示出来的，较为真实、稳定的状态，是由日常的习惯、惯有的行为、基本的认知综合作用下一种可以观测、可以评估、可以界定的表象状态。从"人"的认识角度看，"素养"与"核心"并列时，描绘的就是人最主要的行为、举止，以及从彰显部分透露出来的内涵，是给周围他人留下的突出、典型的印象，反映出的是一个人最本质的能力、修为、特征。

理解新课标中的"核心素养"，还需要联系"语文"与"学生"两个条件关键词。

其一，语文是核心素养讨论的范畴；其二，学生是核心素养指向的主体。新课标在"课程目标"中对核心素养的内涵做了准确表述："核心素养是学生通过课程学习，逐步形成的正确价值观、必备品格

和关键能力，是课程育人价值的集中体现。"此处表明了核心素养体现的是语文课程的育人价值，即语文课程对人带来的根本改变。同时指出"语文课程培养的核心素养，是学生在积极的语文实践活动中积累、建构并在真实的语言运用情境中表现出来的，是语言建构与运用、思维发展与提升、审美鉴赏与创造、文化传承与理解的综合体现"，说明了核心素养在学生参与语文实践活动时，在四个方面所展示的"综合体现"。可见，新课标的语文核心素养所指的，就是在语文学习中，学生所应具备的"能够适应终身发展和社会发展需要的必备品格和关键能力"。

二、研制的溯源

康德在谈论逻辑起点时提出要思考"从何开始"的问题。由文献检索可知，核心素养的研制，起初源于国外。最早可溯源到 1972 年德国学者梅腾斯（D. Mertens）提出的"关键能力"。这一能力指的是日常生活中需要用到的，通用的、可迁移的能力，对社会中劳动者而言，是发展中能够起到关键性作用的能力。1997 年 12 月经济合作与发展组织启动的"素养的界定与遴选：理论和概念基础"项目，为世界范围内对核心素养研究的起点。2006 年欧洲议会（European Parliament）和欧盟理事会通过的《以核心素养促进终身学习》的议案拉开了欧洲地区的研究序幕。之后，美国、英国、法国、澳大利亚、日本、新西兰、新加坡等国家的研究成果相继颁布，例如，美国提出的"21 世纪技能"、日本的"21 世纪型能力"等。世界各国都在集中力量研究核心素养，并将其写进各个文件、标准之中。2014 年，我国教育部颁布的《关于全面深化课程改革落实立德树人根本任务的意见》提出，要"研制学生发展核心素养、制定和落实各学段学生发展的核心素养"。自此开始，核心素养的研究，以及核心素养在日常教学中的实践、在教育工作中的转化，成为我国教育改革与发展的重要方向。

教育部颁布的《普通高中语文课程标准（2017 年版 2020 年修订）》提出了"语文学科核心素养"概念，并做了这样的界定："语文学科核心素养是学生在积极的语言实践活动中积累与构建起来，并在真实的语言运用情境中表现出来的语言能力及其品质；是学生在语文学习中获得的语言知识与语言能力，思维方法与思维品质，情感、态度与价值观的综合体现。"高中课标还指出其形成与发展包括"语言建构与运用、思维发展与提升、审美鉴赏与创造、文化传承与理解"四个方面。核心素养正式进入我国基础教育的课程标准之中。

三、标准的理解

（一）核心素养的根本任务

新课标在阐述课程理念，提出要"立足核心素养发展"时，在第一句就予以强调："语文课程要围绕立德树人这一根本任务，充分发挥其独特的育人功能和奠基作用。"可见，指导核心素养发展方向，决定核心素养构成的就是"立德树人"这一根本任务。

新课标在"前言"部分明确告知课标发布的意义："基础教育课程承载着党的教育方针和教育思想，规定了教育目标和教育内容，是国家意志在教育领域的直接体现，在立德树人中发挥着关键作用。"教育教学工作究竟要"培养什么人、怎样培养人、为谁培养人"都是课程标准需要阐述明晰的。因此，核心素养的本质就是对"教育要培养什么样的人"和"怎样培养人"的思考与实践。任何阶段的教育改革，根本意图就是实现在不同阶段，应对不同环境，不同年龄层次的人不同发展的需要。有学者将核心素养比喻为一个完整的"细胞结构"，各部分相互支持、汲养。"立德树人"的根本任务是"细胞核"，是核心素养之"核"。这一"核"的地位不可撼动，"立德树人"永居于核心素养最中心的位置，是各个组成部分都要围绕的"心"。

这一根本任务让教师明确核心素养"育人"的本质。对这一本质属性的认识，使关于核心素养的理解站位更高，发展路径更正，不至于因为解读不当而重新滑入"工具论""功利性"的泥潭，不会背离教育的初心。对这一本质属性的认识，还可以衍生出对核心素养四个特性的发现。

1.必然性。核心素养是教育发展的必然结果。"立德树人"的提出，就展示、经历了教育发展的过程，体现了时代特征，是不同时代育人的需求所致，是教育发展的结果。

2.对象性。"人"就是核心素养明晰的对象。人的成长，即学生的发展，就是核心素养所关注的，人就是发展的对象。这一特性让核心素养有了具体的"接地点"。

3.功能性。"立"就是建构的，是动态的。核心素养的提出，让教育更具发展功能。学生的成长，不是短期的，而是长期的、终身的。核心素养要能适应学生的终生发展需求，必须在设定之初就要有前瞻性，有稳定的性能，有适应情况变化的应对，这些都使得核心素养具有强大的功能。

4.变化性。什么是这一时期应有的"德"？什么是这个时代对人才培养的要求？核心素养必注重立德树人，也必将随社会发展、学生的成长需要而变化。变化才能让人的成长与社会发展相适应，让教育与社会变化相关联，让学生在未来社会生活中能发挥应有的才能，实现其社会价值。

（二）核心素养的"主题词"

"核心素养"在英文中写成"Key Competencies"。其中的"Key"就代表着"关键的""必不可少的"的意思，因此会有"核心"与"非核心"之争。解释这一争论时，王宁教授使用了"主题词"。2016年12月9日，在针对核心素养回答教师提问时王宁教授做了《面向语文教育的语言学研究》的讲座，其中提道："有语文老师问，加了'核心'两个字是否表示有'不核心'啊？'不核心'是什么？我的理解是这样，语文核心素养就是语文素养。一个素养是综合的，而且还是人文的，人文的东西是表述不尽的，你说多少也表述不尽，在这种情况下加上'核心'两个字，是把它概括一下，说明它后面、下面还是有许多零零碎碎的东西，我们把它概括成这4个方面。所以，'语文核心素养'并不意味着语文素养里面还有许多非核心的东西没说出来。在课标组为了让大家记得比较清楚，我们就用这些主题词来表述它。"

新课标核心素养内涵中出现的关键内容，就是对学生语文学习与发展中应有的关键能力的简约、强调、精准概括。对其中涵盖的主题词，可以有三个方面的解读。

1. 主题词之"实践活动"。

高中新课标在"课程理念"中针对核心素养表述为"通过阅读与鉴赏、表达与交流、梳理与探究等语文实践，积累言语经验，把握语文运用的规律，学会语文运用的方法，有效地提高语言能力，并在学习语言文字运用的过程中促进方法、习惯及情感、态度与价值观的综合发展"。其中的"阅读与鉴赏、表达与交流、梳理与探究"，就是落实核心素养的三项"语文实践活动"。

语文学习离不开阅读文章和书本，离不开与人交流与表达，同时还需要能对热点问题进行追踪、关注、探究，对信息进行梳理与运用等。学习力的提升，都在具体可执行的实践活动中进行。提升核心素养也一样，必须落实到日常，融入可以执行、可以操作、可以演练、可以参与的实践活动中。这是理解核心素养应有的基本思路。

核心素养自身的底层逻辑是什么？发展规律是什么？回归到培育

人的需求来看——经由丰富的学习活动，获取经验，获得发展，就是最基本的轨迹。因此，核心素养在具体实践活动中的落实，就成为最为牢靠的底层建设。从现实的教育需求上讲，所有的理念、信仰，都要经由实践活动才能落地、转化，都要涉及具体的学习活动才能展开、获得。因此，"语文实践活动"这一主题词提示了教师在理解核心素养时，应具备的最基本的思想——认认真真开展语文实践活动，扎扎实实发展核心素养。

2.主题词之"素养内涵"。

美国课程专家古德莱德(Goodlad)提出课程存在的5种不同的类型，即理想的课程、正式的课程、领悟的课程、运作的课程、经验的课程。核心素养首先是"理想的课程"，因其反映出国家意志。其次，也可以看作是"正式的课程"。核心素养经由新课标颁布，体现了国家对课程的规划、指导，还对课程具体的内容、目标、评价等，提出了如何落实的建议。理解核心素养，需要落实在"运作"层面，让其能得到具体实施。因此，要明确这一课程的第二个主题词——素养内涵。

新课标在解释"核心素养"时提出：语文学科核心素养是学生在积极的语言实践活动中积累与构建起来，并在真实的语言运用情境中表现出来的语言能力及其品质；是学生在语文学习中获得的语言知识与语言能力，思维方法与思维品质，情感、态度与价值观的综合体现。主要包括"语言建构与运用""思维发展与提升""审美鉴赏与创造""文化传承与理解"四个方面。

此处指明了四个内涵，分别为：语言建构与运用、思维发展与提升、审美鉴赏与创造、文化传承与理解。四个内涵在理解上有不同的主题：语言建构与运用，是素养中的基本功。基本功必须扎实，因为"基础不牢，地动山摇"。能熟练运用国家通用的语言进行交流、表达，这是未来发展必需的基础；思维发展与提升则是未来应对生活、面对发展的关键能力。具有丰富而多样的思维，敏捷、灵活、创造性地解决问题，长期保有好奇、求知等，这都是发展的潜力；审美鉴赏与创造则决定了未来能走多远，能处在何种层次。能够欣赏美、理解美、评价美，具有健康的审美意识和审美观念的人，就是具有高雅情趣，具有优秀气质的人，就会给人留下良好的印象。文化传承与理解，是指学生在语文学习中，继承和弘扬中华优秀传统文化、革命文化以及社会主义先进文化，理解和借鉴不同民族和地区的文化，拓展文化视野，增强文化自觉，提升中国特色社会主义文化自信，热爱祖国语言文字，热爱中华文化，防止文化虚无主义。

3. 主题词之"整体模型"。

新课标明确指出："核心素养的四个方面是一个整体。"在解释这一整体性时，解释为："语言是重要的交际工具和思维工具，语言发展的过程也是思维发展的过程，二者相互促进。语言文字及作品是重要的审美对象，语言学习与运用也是培养审美能力和提升审美品位的重要途径。语言文字既是文化的载体，又是文化的重要组成部分，学习语言文字的过程也是学生文化积淀与发展的过程。"基于此，新课标阐述了语言建构与运用、思维发展与提升、审美鉴赏与创造、文化传承与理解四个内涵之间的关系，指导一线教师在理解时，应注重其整体性。

这一主题词也提醒教师要回避两大陷阱。陷阱一：割裂分解。生硬地将核心素养的四个内涵拆分为四个独立的部分，分别研究。这犹如将一部机器拆卸，对其中的零件大为感兴趣，让其独立运转而忽视了机器整体的运行。陷阱二：线性叠加。虽然注重四个内涵的关联，但是采用"1+1+1+1"的形式，从单"点"到下一个单"点"的线性递进，机械重叠，以此进行烦琐的解读，忽略了其有机整体的特质。

作为整体理解的核心素养，应建立"443模型"。这里的第一个"4"，就是明确核心素养内涵中的4个方面；第二个"3"指语言实践活动的3种类型；"3"指新课程中语言运用的3种常用情境——专属的语文学习活动、日常生活、综合性学习中的探索与体验。对这一模型的把握，让教师在理解核心素养时能做到：有落脚点，以实践活动为抓手，不至于空谈发展口号而不付诸行动；有方向感，以4个内涵为发展方向，不至于无处发力，随意挥洒热情；有具体的运用情境，在3个常用情境中主动实践，积极正迁移，有利于形成真实的能力，提升真正的素养。

（三）核心素养的落地与实施

高中新课标在课程的"内容与组织呈现"中提出要"以学习任务群组织与呈现"。新课标中具体设置了18个任务群。核心素养是"课程目标"，这一目标如何落地，自然要参考课程的"组织与呈现"。因此，理解任务群，转化为具体的设想，就能获得核心素养落地与实施的路径。具体说，有以下3个方面设想。

1.固本：驻守语文学科的疆土。

语文学科的本质在于语言文字的运用与人文精神的传承。在核心素养背景下，教师需要深入解读文本，引导学生体会语言文字的魅力。例如，在"文学阅读与写作"任务群中，通过《荷塘月色》的教学，不仅要分析朱自清笔下的景物描写，更要引导学生品味其语言中的韵律美和意境美，感受作者的情感世界。

语言建构与运用是语文核心素养的基础。在"语言积累、梳理与探究"任务群中，教师要创设真实的语言运用情境，让学生在听说读写中提升语言能力。比如，可以组织学生开展读书分享会、诗歌创作等活动，在实践中培养学生的语言表达能力。

思维发展与提升是语文教学的重要目标。通过"思辨性阅读与表达"任务群，培养学生的逻辑思维、批判性思维和创造性思维。例如，在《祝福》的教学中，可以引导学生思考祥林嫂悲剧的根源，培养学生的思辨能力。

2.整合：在关联行动中协同并进。

教学资源的整合是提升教学效果的关键。在"整本书阅读与研讨"任务群中，教师要将教材内容与课外资源有机结合，构建完整的知识体系。例如，在《红楼梦》的整本书阅读中，可以引入相关历史背景、文化常识等，帮助学生深入理解作品内涵。

教学方式的创新需要多方协同。通过"当代文化参与"任务群，优化教学设计。在"家乡文化生活"专题教学中，可以采用实地考察、访谈记录等方式，让学生深入体会地方文化特色。

评价体系的改革要注重过程性评价。在"跨媒介阅读与交流"任务群中，建立多元化的评价标准，关注学生的学习过程和发展进步。可以采用成长档案袋、学习日志等方式，记录学生的成长轨迹。

3.综合：在兼容交互中跨越式发展。

学科融合是教育发展的趋势。在"实用性阅读与交流"任务群中，语文教学要打破学科壁垒，与历史、哲学、艺术等学科深度融合。例如，在《赤壁赋》的教学中，可以结合历史知识，让学生理解作品的时代背景；结合哲学思想，探讨苏轼的人生观。

技术赋能是教学创新的重要途径。在"跨媒介阅读与交流"任务群中，利用信息技术手段，构建智慧课堂。通过"微课""慕课"等形式，实现个性化学习。在写作教学中，可以利用网络平台，开展在线互评，提高教学效率。

育人方式的创新要注重实践体验。在"当代文化参与"任务群中，开展研学旅行、社会实践等活动，让学生在实践中提升语文素养。例如，组织学生参观文化遗址，撰写考察报告，培养学生的综合能力。

高中语文核心素养的落地实施，是一项系统工程。需要教师坚守语文本真，创新教学方式，整合教育资源，在传承中创新，在创新中发展。只有这样，才能真正实现语文教育的育人价值，培养出具有深厚文化底蕴和创新能力的新时代人才。语文教育的未来，必将在守正创新中绽放异彩。

结语

犹如大海航船，要先确定方向，明确自己要去哪里，才有可能抵达。对核心素养的理解，应视为理解高中语文新课标的第一要义。作为一线教师，理解可以从词源的解析，到历史的追溯，再到新课标的细读，以教师特有的视角理解核心素养，为自己的教学行为把舵护航。

"教—学—评"一致性，理解语文新课标的关键

《普通高中语文课程标准（2017年版2020年修订）》里提到了课程内容、学业质量水平与考试评价的关系、教学与评价建议等。这就要求我们要注重实现"教—学—评"一致性。新时期的语文教学，从课程内容，到学业质量，再到评价建议，实现三维联动，"明确了'为什么教''教什么''教到什么程度'，而且强化了'怎么教'的具体指导"。将"教—学—评"一致性写进课标，落地执行后，变化确实很大——语文教学不再似是而非，不再语焉不详，不再用"人文性""模糊性"等为无效教学辩护。"教—学—评"一致性成为新课标中的一大亮点。

一、"教—学—评"一致性的理解

（一）作为教育的理解

"一致性"含义丰富，《汉语大词典》中的"一致性"表示"没有分歧"[①]；《辞海》中表述为"趋向相同的"[②]。各种理解中都带有相互融合、协调互补、无矛盾对立等的意思。"一致性"要求在同一系统中，不存在任何形式的"A"与"非A"并存。从系统的层面看，当系统的核心设定后，系统各部分如能以协调一致的关系组合，系统

---

① 汉语大词典编委会.汉语大词典[M].北京：商务印书馆，2003：1278.

② 夏征农，陈至立主编.辞海（第6版）[M].上海：上海辞书出版社，2010：2235.

的功能将得到最大限度的发挥。以教育为例，"一致性"则视为设定好教育目标，并依此展开实践。此过程中涉及构成教育的内容、流程、评估、资源等各组成部分，相互协作让教育发挥出最佳作用。作用是否最佳，前提是教育所设定的目标应是合理且有利于人的成长。美国学者韦伯（Webb）提出教育系统中的"一致性"观点被广泛采用。韦伯认为：教育体系中所有因素需要协调配合，教师的教和学生的学，应一同指向对同一概念的理解。这一概念，也就是教育的目标。

（二）作为课程的理解

新课标提及的"一致性"，最关键的是从课程层面进行理解。课程"一致性"是基于对课程结果的评价这一诉求出发，去研究课程内部各组成部件间的协作性、配合度、一致化的程度，最早由布鲁姆（B.S.Bloom）提出。在布鲁姆的教育目标分类学里，调整教、学、评共同指向目标，明确"期待达成什么"；由教师组织学生"努力达成预期"；最后以评估确证"学生是否抵达"，形成课程的基本结构。整个结构中，布鲁姆通过分类，精准设定了目标，使目标和学习、评价三者紧密结合。这一结构与"现代课程之父"泰勒提出的课程"四问"极为吻合："第一，学校应该达到哪些教育目标；第二，提供哪些经验可以实现这些目标；第三，怎样才能有效地组织这些经验；第四，我们怎样确定这些目标正在实现。"课程的"一致性"让与课程学习有关的"为何教""教什么""如何教""教到什么程度"成为相互牵制的联动关系，以此实现教学目标、教学内容、过程、方法以及效果的一致化。

课程的"一致性"得到广泛运用和转化。例如美国国家高质量教育委员会发表《国家处在危险中：教育改革势在必行》报告，启动了"由标准驱动并基于标准"的基础教育课程改革，把课程与教学的一致性作为检测州、学校是否有效落实课程标准的一项关键指标。格兰特·威金斯（Grant Wiggins）和杰伊·麦克泰（JayMc Tighe）提出的，将设定教学目标作为首要元素，随之设计能示证目标达成的评估标准，再由此思考具体的教学流程与内容。这是典型的带有"教—学—评一致性"的由终点（目标）出发的逆向教学设计[①]。

（三）作为教学的理解

理解"教—学—评"一致性，最为迫切的需求是明确在课堂教学中应如何落实。课堂教学中的"教—学—评"一致性，首要确定的，依然是教学目标。"教—学—评"要往一个方向进展，要朝一个方向使劲，这唯一的"方向"便是中心，是首因，是在开始执行教学前必须明确的。在目标的观照之下，教师的教、学生的学，以及针对教与学的评价，应保持方向的一致性。教师的指导行为和学生在心智活动中的诸多表现，经由评价实现可观可测，其意图在于检测是否达成目标。

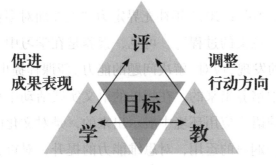

保持目标一致

1. 关于"教"。对教师而言，"教"指的是"在特定的课堂教学活动中，教师的教、学生的学以及对学习的评价应该具有目标的一致性"。以统编教科书为例，目标在单元导读页面出现，但不能直接读

---

① 格兰特·威金斯,杰伊·麦克泰.理解力培养与课程设计[M].么加利.译;北京:中国轻工业出版社,2003：13.

取陈述性语句视为理解。应该采用安德森修订的布鲁姆教育目标分类法，将目标理解得更为细致，更具操作感。例如，统编四年级下册第五单元的目标描述为"了解课文按一定顺序写景物的方法；学习按游览的顺序写景物"。根据认知层级，理解目标时可以拆分为7个不同认知层级，携带7个不同的学习活动：1.提取—回想：认识文中所写景物的特点；2.理解—综合：了解课文中的写作方法；3.理解—综合：了解课文中的写作顺序；4.分析—具体化：学会按游览顺序写景物的方法；5.分析—具体化：学会按其他顺序写景物的方法；6.知识运用—问题解决：按游览顺序写景物；7.知识运用—问题解决：按其他顺序写景物。7个理解，均可以操作，有着具体而明晰的学习任务。

值得注意的是，新课标将语文课程目标确定为"核心素养"，无疑为"教"指明了终极旨归。1996年，联合国教科文组织将"素养"定义为"学会学习"；2017年补充界定为"人在面对多种情境时，解决问题与创造新意义的过程"。可见，素养是在学习中不断生长、形成的面对未知的发现、应对、解决问题的能力。新课程提出的核心素养，是在语文课程中培养出来的，在积极的语文实践活动中积累、建构出来的，在真实的语言应用环境中展示出来的，是对文化的自信，对语言的自觉与主动娴熟的运用，对思维能力的提升，对审美于创造实力的综合体现。这是语文课堂学习中，任何形式的"教"都必须明晰的总方向。

2.关于"学"。不仅指学习的结果，更注重的是学习的过程，包含过程中使用的方法、策略，以及应对问题时发现全新路径，调用先验知识，协调环境因素，解决问题的能力等。作为"结果"的学习是需要与目标保持一致的，即为抵达目标而学。2004年，联合国教科文组织定义学习结果为：是学习者经过一段时间的学习活动后所应该知道、理解的知识内容，以及所掌握的能够展示出来的具体技能。可见，"学"必有所成，须有可描述、刻画、评价的结果。新课标以"学业质量"对学习结果进行细致的，分学段、分项目的蓝图绘制，对照"学业质量"检测学习结果，能轻松实现与目标的一致性。

其次，作为"过程"的学习，应明确：采用哪些方法更有助于目标的达成？是否需要与同伴展开合作？经由何种流程，进行何种操练能抵达目标？过程与目标保持密切的合作关系。过程中所展示出来的各种学习表现，都展示着与目标的距离、亲疏、关联等，是构成目标的不同阶段的子目标。同时，过程的开放性，为评价提供更多融入的端口，"让教—学—评"一致性更具有互动性与黏合度。

3.关于"评"。新课标明确提出进行"过程性"评价。过程性评价主要是考查学生在语文学习过程中表现出来的学习状态、参与程度，更重要的是通过评价，促进学生核心素养的持续发展。过程性评价要充分针对学生所表现出来的阶段成果，有针对性地提供指导意见，促进其改进学习方式，在原有基础上获得学习进展。同时，评价也有助于教师的反思，发现环节与执行中的问题，帮助教师改良教法，优化教学设计。过程性评价的还体现在既可以是老师评学生，也可以是学生互评；可以是口头评价，随机嵌入教学，也可以是提前设计评价量表，对某一细节进行等级划分与效果测定。

"教—学—评"一致性的语文课堂，评价是无缝嵌入，伴随全程的，是与学生的学习同时发生的。评价本身可以看作是一种学习活动，即"以学评学"，以评价时进行的学习活动，示证之前的学习是否有效，对接下来的学习活动行程转接与驱动。评价与教和学的结构，即是串联的（如下图）：教而后学，学而后评；也是并联的：评价联通着情境创设，目标设定，流程设计，内容演示，活动展开、成果获取，在课堂学习的不同阶段嵌入。过程性评价是课堂教学无法分割的部分。

为何而教 ➡	学什么 ➡	怎样展开 ➡	效果如何
教学目标	学习内容	教学活动	教学评价
目标设定1、2……	学习任务1、2……	版块划分1、2……	过程嵌入1、2……

串并联结构

二、"教—学—评"一致性的教学转化

（一）教学转化的要点把握

理解"教—学—评"一致性的内涵，在一线教学转化时，牢固树立三个要点，确保教得踏实，学得真实，评出实效。

1.目标的确立是执行的前提。在"教—学—评"一致性的转化中，目标是始终不变的核心元素，也是执行前优先确立的第一要义。将"教—学—评"视为一个闭环的系统，目标就是系统的中枢，起到向导的作用——导教师的教，导学生的学，导过程性的评。系统中所有设计以目标为中心，并与目标保持一致性。

2.镶嵌的评价是执行的关键。犹如行船也需要随时把舵，调整方向。学习的进程不是一帆风顺的，课堂学习各环节中，均需围绕学生的学习表现，评价获悉到底"在学习什么""达到什么水平""与目标有什么关系""和目标相距多远"。评价需要发挥质量监督、动力输送、警示纠偏的作用。结合学习活动设计真实的评价任务，收集是否达成目标的证据，把握学习的进程与效度，评价是顺利达标的关键环节。

3.结构化的维护是执行保障。"教—学—评"一致性是一个动态的过程，但也有着设定的结构，进行结构化的维护，是学习活动顺利达标的保障。要注重对其自身结构三个层面的执行：保持"教—学"的一致性；保持"教—评"的一致性；保持"评—学"的一致性[1]。可见，"教—

---

[1] 崔允漷，雷浩.教—学—评一致性三因素理论模型的建构[J].华东师范大学学报（教育科学版），2015(04).

学—评"一致性强调执教、学习和评价必须指向设定的目标，协调统一；教、学、评必须存在，缺一不可。三者依据目标统筹安排，构成一个整体，协同确保目标的落实。

（二）教学转化的案例展示

1. 小学案例

统编版语文六年级上册第五单元为例，展示"教—学—评"一致性在具体执教中的转化与落实。在教学前，确定目标，同时做好单元教学的整体规划。如下表：

课时	学习目标	学习任务	成果评价
第1课时	目标1：初步把握课文内容，了解"中心意思"。目标2：激活生活印象，初步完成选材。目标3：完成生字词的自学。	任务1：阅读与鉴赏。通读《夏天里的成长》《盼》。任务2：表达与交流。体会课文表达的中心意思。任务3：表达与交流。选择生活中感受最深的汉字，确定想表达的中心意思。任务4：识字与写字。自主识记、练写生字。	优秀：完整批注，无遗漏；能在交流中主动分享；能自主识字；生字书写美观、坐姿端正，速度有提高。良好：基本完整批注，在交流中能增补；能在交流中主动分享；能自主识字；生字书写美观、坐姿端正，速度有提高。合格：有进行批注，能在交流中增补；能准备好分享内容，愿意参与，在同伴分享时能倾听，分享后能根据需要调整；能自主识字；生字书写正确、坐姿端正。

第2—3课时	目标1：认识"围绕中心意思写"的表达方法。 目标2：绘制思维导图，使"围绕中心意思写"可视化。	任务1：阅读与鉴赏。阅读《夏天里的成长》《小站》，结合批注及"交流平台"，认识"围绕中心意思从不同方面或选取不同事例"的表达方法。 任务2：梳理与探究。结合《夏天里的成长》，绘制"围绕中心从不同方面写并选取不同事例"的导图；结合《小站》，绘制"围绕中心从不同方面写"的导图。 任务3：表达与交流。结合思维导图，交流如何围绕中心意思写。	优秀：能认识"围绕中心意思写"的表达方法；能结合课文内容，绘制形象、美观、信息完整的导图； 良好：能认识"围绕中心意思写"的表达方法；能结合课文内容，绘制思维导图，信息基本完整； 合格：能基本了解"围绕中心意思写"的表达方法；能结合课文内容，绘制思维导图，信息较为完整。
第4课时	目标1：学习"围绕中心意思"选材。 目标2：尝试围绕中心意思为习作选材，确定重点材料。	任务1：梳理与探究。比较阅读《盼》《爸爸的计划》，结合批注，学习选择合适的材料为中心服务。 任务2：梳理与探究。回忆方法，结合"初试身手"，自选题目，练习围绕中心意思选材。 任务3：表达与交流。围绕选定的中心拟定提纲，标注重点材料。	优秀：能清晰地了解"围绕中心意思"选材的方法；能围绕中心意思，为习作选择合适的材料，标注重点材料。 良好：能了解"围绕中心意思"选材的方法；能围绕中心意思，为习作选择合适的材料，标注重点材料。 合格：能了解"围绕中心意思"选材的方法；能围绕中心意思，为习作选择较为合适的材料，标注重点材料。

第5—7课时	**目标1**：体会"详略得当"的表达技巧。 **目标2**：通过群文阅读，加深对"详略得当"的理解。 **目标3**：运用"详略得当"的方法，练写重点部分。	**任务1：阅读与鉴赏。**聚焦《盼》中的精彩描写，体会作者围绕"盼"这一心理活动，将重要事例写得具体、详细。 **任务2：梳理与探究。**阅读习作例文《爸爸的计划》及《曹刿论战》《端午的鸭蛋》，印证围绕中心意思详写重点部分的写法。 **任务3：表达与交流。**运用"详略得当"的方法，写一段话，用重点材料突出中心。	**优秀**：能结合课文内容，体会作家"详略得当"的表达技巧；能完整地发现文中详写和略写的部分，理解"详略得当"的好处；在练笔中灵活运用"详略得当"的方法。 **良好**：能结合课文内容，体会作家"详略得当"的表达技巧；能发现文中详写和略写的部分，理解"详略得当"的好处；在练笔中运用"详略得当"的方法。 **合格**：能结合课文内容，初步体会作家"详略得当"的表达技巧；能发现文中详写和略写的部分，基本理解"详略得当"的好处；在练笔中尝试运用"详略得当"的方法。
第8—9课时	**目标1**：完成习作，并能自主修改。 **目标2**：能在与同伴交换修改中完善。	**任务1：梳理与探究。**围绕本次习作的中心删除、修改、增补材料，修改提纲。 **任务2：梳理与探究。**运用本单元学习的习作技巧，完成本次习作。 **任务3：表达与交流。**与同学交换阅读、修改，检查中心意思是否突出。	**优秀**：能围绕中心意思选择合适的材料，并拟定匹配的提纲；能主动修改，无明显差错，文章条理清晰，中心意思突出；乐于和他人分享习作，并给读者留下深刻印象。 **良好**：能围绕中心意思选择合适的材料，并拟定匹配的提纲；能主动修改，文章无明显差错，中心意思突出；乐于和他人分享习作。 **合格**：能围绕中心意思选择合适的材料，并拟定匹配的提纲；能在教师指导下修改，文章无明显差错，中心意思突出；乐于和他人分享。

在具体课时执教时嵌入评价，不断瞄准目标，确保目标达成。以下为第 8—9 课时"习作"部分的具体设计，呈现将评价镶嵌在"教"与"学"的过程中所起到的一致性推动作用。

板块一：修订提纲，做好写作准备

1.教师提出写作要求：【课件展示】

我们选定了要写的汉字，围绕要写的中心意思拟定了提纲，为本次习作做好准备。但要想让选择的材料更准确，事例更丰富，可以回看课文思维导图，修订自己的提纲。

学生活动 1：参考《夏天里的成长》思维导图，依据确定的写作对象及表达的中心意思，同桌再次评议材料。

学生活动 2：围绕中心意思，删除、修改不合适的材料，增补材料，修订提纲。

2.教师巡视，相机指导：你的材料是否准确，是否足够？

板块二：修改详写部分

1.教师组织复习：【课件出示】

我们还围绕要分享的汉字写了一段话，并用重点材料突出中心。如果想读者留下更深刻的印象，还得进行修改。回忆在《盼》一课中，想"想"作者是怎么紧扣"盼"，把重点部分写得详细、具体的？

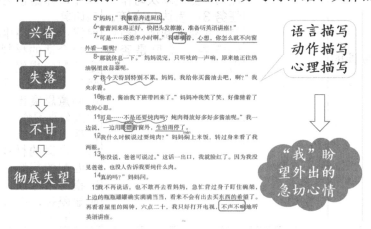

学生活动：回忆课文用的方法。（动作描写、语言描写、神态描写）

教师总结方法。【课件展示】

2. 教师布置任务：【课件展示】

在片段中试着添加动作、语言、心理描写，让重点部分更详细、具体、吸引人。

学生活动1：各自修改完成的片段。

学生活动2：写完后读一读，修改不通顺的地方。

3. 提供原片段与修改片段示范（略）

板块三：延展写作，练写略写部分

学生活动1：依据修改后的提纲，选择除重点部分外的一个方面或一件事例，加上过渡段，对接写出需略写的一个部分，初步完成"详略得当"。

学生活动2：写后同桌交换，使用评价单进行互评。

【评价单】

详写的部分	略写的部分	详略是否得当	有待改进的地方
第【　】自然段	第【　】自然段	是【　】否【　】	意见：_____

教师巡视，点拨。

板块四：学以致用，完成全篇写作

学生活动1：依据习作提纲，运用本单元学习的方法，完成全篇习作。

学生活动2：行文较快者个别展示，朗读。

教师组织学生随文评点，重点关注：你能体会到他表达的中心意思吗？有没有详写突出中心的部分，略写其他部分？

学生活动3：写后请同学或你想分享的那个人点评，填写评价单。

项目	星级评定：五★为优秀；　三★以上为良好
能围绕中心意思，从不同方面或选取不同事例	☆　☆　☆　☆　☆ [简单说明]:
详略得当，重点部分具体、详细	☆　☆　☆　☆　☆ [简单说明]:
过渡自然紧密，全文连贯一致	☆　☆　☆　☆　☆ [简单说明]:
书写工整，卷面整洁，有自我修改痕迹	☆　☆　☆　☆　☆ [简单说明]:

【评价单】

学生活动4：根据同学的建议，再次修改习作，优化行文。

2.中学案例

以统编版语文八年级上册第六单元为例，该单元主题为"古诗文阅读"，主要学习文言文的阅读方法和赏析技巧。

统编版语文八年级上册第六单元

一、单元教学目标

1.语文核心知识：掌握文言文的基本句式、常用实词和虚词的用法；能够准确翻译文言文，理解文章大意；学会运用"知人论世"的方法赏析文言文的思想内容和艺术特色。

2.学习方法：通过自主翻译、小组讨论和教师点拨，提高文言文阅读能力；运用"批注法"对文言文进行深入分析和鉴赏。

3.情感态度与价值观：感受古诗文的魅力，增强对传统文化的认同感；培养学生对文言文学习的兴趣，提升文化素养。

二、教学转化设计

（一）课时安排与目标分解

课时	学习目标	学习任务	成果评价
第1课时	1.理解文言文的基本句式和常用词义。能够准确翻译《愚公移山》。	1.自主翻译《愚公移山》，标注疑难词句。 2.小组讨论，解决翻译问题。 3.教师点拨重点词句。	**优秀**：翻译准确，语言流畅，能解释重点词句。 **良好**：翻译基本准确，能解决部分疑难问题。 **合格**：完成翻译，能提出问题。
第2课时	1.掌握"知人论世"的赏析方法。 2.赏析《愚公移山》的思想内容和艺术特色。	1.阅读背景资料，了解作者及创作背景。 2.小组讨论：从主题、人物形象、写作手法等方面进行赏析。 3.班级交流，教师总结。	**优秀**：能从多个角度深入赏析，观点有理有据。 **良好**：能从一个角度进行赏析，观点清晰。 **合格**：能参与讨论，提出自己的看法。
第3课时	1.运用"批注法"阅读《周亚夫军细柳》。 2.理解文中人物形象及写作手法。	1.自主阅读，运用批注法标注人物描写和写作手法。 2.小组交流批注内容。 3.教师点评并总结批注要点。	**优秀**：批注详细，能准确分析人物形象和写作手法。 **良好**：批注较详细，能分析出部分要点。 **合格**：完成批注，能提出问题。
第4课时	1.综合运用所学方法，完成文言文阅读练习。 2.总结文言文学习方法。	1.完成课后文言文阅读练习。 2.小组讨论解题思路。 3.教师讲解并总结学习方法。	**优秀**：练习完成出色，解题思路清晰。 **良好**：练习完成较好，能总结部分方法。 **合格**：完成练习，能参与讨论。

（二）教学过程与评价

第1课时：翻译与理解

1.导入：

教师介绍文言文学习的重要性，明确本课目标。

2.自主翻译：

学生活动：学生自主翻译《愚公移山》，标注不理解的词句。

评价：教师巡视，记录学生遇到的共性问题。

3. 小组讨论：

学生活动：小组内交流翻译结果，解决疑难问题。

评价：教师观察小组讨论情况，记录讨论的深度和广度。

4. 教师点拨：

教师针对学生问题进行重点讲解，强调文言文句式和词义。

评价：教师根据学生翻译和讨论情况，给予即时反馈。

5. 课堂小结：

学生总结本课所学内容，教师补充。

评价：学生自评翻译成果，教师点评。

6. 课后作业：

完成《愚公移山》的翻译练习，标注重点词句。

第2课时：赏析与讨论

1. 导入：

回顾《愚公移山》内容，引入赏析方法。

2. 背景阅读：

学生活动：阅读作者及创作背景资料，小组内交流。

评价：教师检查学生对背景资料的理解情况。

3. 小组赏析：

学生活动：从主题、人物形象、写作手法等方面进行赏析，记录要点。

评价：教师巡视，指导学生从不同角度思考。

4. 班级交流：

学生代表发言，分享小组赏析结果。

评价：学生互评，教师总结并补充。

5. 教师总结：

教师总结"知人论世"的赏析方法，强调重点。

评价：教师根据学生发言情况，给予反馈。

6. 课后作业：

完成一篇关于《愚公移山》的赏析短文，不少于 300 字。

第 3 课时：批注与分析

1. 导入：

介绍"批注法"及其在文言文阅读中的应用。

2. 自主批注：

学生活动：运用批注法阅读《周亚夫军细柳》，标注人物描写和写作手法。

评价：教师巡视，记录学生批注情况。

3. 小组交流：

学生活动：小组内交流批注内容，分享阅读体会。

评价：教师观察小组交流情况，记录学生参与度。

4. 教师点评：

教师选取优秀批注进行展示，总结批注要点。

评价：教师根据学生批注和交流情况，给予反馈。

5. 课堂小结：

学生总结批注法的要点，教师补充。

评价：学生自评批注成果，教师点评。

6. 课后作业：

完成一篇关于《周亚夫军细柳》的批注，不少于 5 处。

第 4 课时：综合练习与总结

1. 导入：

回顾本单元所学内容，明确本课目标。

2. 自主练习：

学生活动：完成课后文言文阅读练习。

评价：教师巡视，记录学生解题情况。

3. 小组讨论：

学生活动：小组内讨论解题思路，分享答案。

评价：教师观察小组讨论情况，记录讨论的深度和广度。

4. 教师讲解：

教师针对练习中的重点和难点进行讲解，总结解题方法。

评价：教师根据学生练习和讨论情况，给予反馈。

5. 课堂总结：

学生总结本单元文言文学习方法，教师补充。

评价：学生自评学习收获，教师点评。

6. 课后作业：

整理本单元文言文学习笔记，总结学习方法。

三、评价方式

1. 过程性评价：

课堂表现：观察学生在自主学习、小组讨论中的参与度和表现。

小组互评：小组成员之间相互评价，促进合作与交流。

自我评价：学生根据课堂表现和作业完成情况，进行自我反思。

2. 成果性评价：

作业评价：根据学生完成的翻译、批注、赏析短文等作业，进行评价。

测试评价：通过单元测试，检测学生对文言文知识的掌握情况。

3. 表现性评价：

展示评价：通过课堂发言、小组汇报等形式，评价学生的表现能力。

四、总结与反思

1. 教师总结：

教师根据学生在课堂表现、学习过程和成果呈现中的表现，进行综合评价，提供具体的反馈和建议。

2. 学生反思：

学生根据自评、互评和教师评价，反思学习过程中的收获与不足，为后续学习提供方向。

通过以上设计，将教学目标、学习过程和评价标准紧密结合，实现"教—学—评"一致性，帮助学生更好地进行文言文学习。

三、结语："教—学—评"一致性的建议

在"教—学—评"一致性的理解与执行中发现，目标的确立尤为关键。对目标的理解，在一线教学中容易为经验主义所左右。建议教师更多研究教材，研读课标，进行调研或问卷调查等，更为全面地收集信息。同时，依据语文课程的特质，综合运用定量和质性研究的方法，正确设定目标。此外，教学具有较大的复杂性，学生的学习过程与预设的无法保持一致，是动态变化的。建议在执行过程中，教师应更积极主动调整自身状态，改变"我教给你"的自上而下的单方面输入。主动采用平等交流，合作共进，问题探究等多种方式，收集学生的反馈信息、学业进展实证，调整课堂教学进程，确保目标有效达成。

"群文阅读"，新课标理念下的古典诗词鉴赏

《普通高中语文课程标准（2017年版2020年修订）》指出"从祖国语言的特点和高中生学习语文的规律出发，以学生的语文实践为主线，设计语文学习任务群"。任务群整合了学习情境、学习内容、学习方法和学习资源，引导学生在运用语言的过程中提升语文素养。

教师在教古诗词鉴赏时，大都是结合教材提供的古诗词开展具体教学。教师感觉该教的都教了，学生也觉得该学的也学了。但是，学生面对古诗词鉴赏时，常有看不懂诗歌意思，答不出问题的现象。为什么会这样呢？原因有三点：一是鉴赏时大都从知人论世入手，把题材类别、风格类别知识放在文本解读之前呈现，导致学生做出的答案大多模式化、套路化、类别化。二是对学过的古诗词知识缺乏融会贯通能力。学生积累的古诗词不够多，且对诗人创作风格丰富性认识不足。三是对诗词文本具体解读的能力不足。不能理解中国诗词特有审美意趣和丰富情感内涵。

群文阅读多是指围绕一个或者多个议题选择一组相关或者相似的文章，在有限的时间内，教师和学生通过沟通、交流、碰撞，达到阅读目的的阅读教学。群文阅读教学方式的出现，给高中古诗词教学上带来了新变革。以群文阅读教学模式激活学生的阅读思维，将相同主题系列诗歌的探讨研究作为组织教学的主线，引导学生在进行群文阅读时，感受一定主题作品的异同，通过充分互动，有效运用自己的思维，建立群文阅读比较分析方法，有效地提高学生的诗词阅读能力。

一、用好统编教材，落实任务群教学

统编高中语文教材是以人文主题和学习任务群双线组织单元。学生凭借整个单元提供的材料完成一系列的学习任务。单元学习任务都是围绕单元的相关主题和学习目标的要求，基于每篇课文的联结点，通过相对系统性的学习任务，统摄不同课文内容之间的学习，并最终落实单元整体教学思想，凸显群文阅读教学的统整性特点。

以统编版高中语文必修上册第三单元为例。本单元汇集了不同时期、不同体式的诗词名作。曹操《短歌行》有对贤才的渴望，陶渊明《归园田居》有返回自然的淡泊，李白《梦游天姥吟留别》有豪迈的想象，杜甫《登高》有沉郁顿挫的悲凉，白居易《琵琶行》有同为天涯沦落人的感慨，苏轼《念奴娇·赤壁怀古》和辛弃疾《永遇乐·京口北固亭》有激愤中的豪放，李清照《声声慢》有孤寂中的婉约。本单元人文主题是"生命的诗意"，学习任务群目标是：1.理解诗人对社会思考和对人生的感悟。2.组织班级诗歌朗读会。3.关注诗歌的深刻意蕴和独特的艺术匠心，写一篇文学短评。

老师在教学中该如何开展教学工作呢？

首先，要结合教学文本，分析任务群阅读教学内容。先阅读各个单篇文本，了解各首诗歌内容，列出每首诗歌可教的知识内容，理清"能教"的内容。同时，在梳理各首诗歌知识内容的基础上，找到各首诗歌知识内容之间的共性、互补性、交互性等关系，并将其作为学生群文阅读学习的重要资源。

其次，根据单元学习目标，锁定群文阅读核心任务是"理解诗人对社会思考和对人生的感悟"。核心任务具有统领的作用，即在核心任务的统摄下进行各项教学活动，包含群诗解读分析、诗歌朗读会、写文学短评等。

通过古诗词的群文阅读教学让学生掌握古诗词鉴赏的基本方法，

认识古诗词在当代的价值，传承优秀传统文化。通过诵读感受不同诗歌的意境，欣赏诗歌独特艺术魅力。通过写文学短评，进一步体会诗人精神对社会、对人生的思考。

二、拓展多样化群文阅读，指导学生读诗悟诗

（一）根据题材类别进行群诗阅读

古诗题材多样，风格不同，不同的题材展现了古人的生活状态和社会环境，也反映了古代文人的情感体验和审美意趣。诗歌的常见题材类别有咏史怀古诗、别离贬谪诗、爱情怨女诗、思乡怀人诗、咏物抒怀诗、边塞征戍诗、山水田园诗等。词的两大类别是豪放派和婉约派。对古诗同题材类别的群诗阅读，有助于形成丰富多元的审美鉴赏体验，也更能体会国运兴衰对诗歌的影响。

1. 以边塞征戍诗为例进行群诗阅读分析

首先，不同朝代的边塞征戍风格各不相同。隋朝隋炀帝《饮马长城窟行》有"万里何所行，横漠筑长城"的强大风骨，唐朝王维《少年行》有"孰知不向边庭苦，纵死犹闻侠骨香"的豪迈侠气，北宋范仲淹《渔家傲·秋思》有"燕然未勒归无计，羌管悠悠霜满地"的无奈感伤。

其次，同一时代不同诗人呈现边塞征戍的创作风格各不相同。高适和岑参作为盛唐边塞诗的杰出代表，既共同显盛唐的宏伟景况，又在诸多方面呈现出相异之处。开展高适《燕歌行》、岑参《走马川行奉送封大夫出师西征》《白雪歌送武判官归京》等群诗阅读。阅读分析比较领悟两人的诗歌相同之处：都洋溢着慷慨报国、立功边塞的伟大理想；都歌颂了将士英勇报国的英雄气概，表现强烈的爱国主义精神；都在字里行间表现出征人思乡之情。两人的诗歌不同之处：在思想主题上各有侧重，高适敢对战争中的不良现象提出批评，岑参缺乏

高适那样强的忧患意识；在抒情方式的选择上，高适的诗往往直抒胸臆或者夹叙夹议，岑参的诗擅长通过描写塞外的神奇风光借景抒情；在表现手法上，高适的诗呈现出凝重深沉、苍凉悲壮的现实主义色彩，岑参的诗呈现出想象夸张、瑰丽雄奇的浪漫主义色彩。

高适、岑参边塞诗的共同与不同的方面是非常鲜明的。共性是时代的体现，盛唐特有的政治文化背景决定了其诗歌的时代特色；而个性则是高适、岑参个人所具有的魅力。

2. 以田园诗为例进行群诗阅读分析

开展田园诗群诗阅读：陶渊明《归园田居》《杂诗》《饮酒》，孟浩然《田园作》，王维《渭川田家》。

首先，理解把握各个诗歌的思想内涵，感受诗人情感，把握不同诗人崇尚自然、坚持真我的人生追求。引导学生阅读、分析、掌握有关联的多篇文本，并形成自己的观点，初步建立群文阅读比较分析的方法。

其次，引导学生从精神追求、艺术表现等方面进行比较，感受陶渊明、孟浩然、王维在田园诗写作方面的异同。精神追求的比较：陶潜的《归园田居》将自己所向往的田园置于官场的对立面，力求摆脱官场的束缚；孟浩然在写悠闲的田园生活的同时，还时时流露出对入仕的渴望，在他的诗作中，官场和田园是可以兼容的；在王维的诗作中，官场和田园同样可以兼容，诗人是以田园的闲逸来抚慰、调解官场的不如意所带来的苦闷。艺术表现手法上比较：陶潜、孟浩然之诗善白描，少刻画；王维诗同样善用白描，但突出呈现出"诗中有画"的特点。

通过老师引导，学生阅读、分析、掌握有关联的多篇诗歌，理解把握陶渊明、孟浩然、王维田园诗的不同特色，逐步形成自己的观点，鉴赏不同诗人不同风格的田园诗。

（二）从作家单篇作品拓展到多篇群诗阅读

1. 从李煜《虞美人》拓展到李煜群词阅读

在教《虞美人》时让学生理解李煜千古之愁的深刻内涵有一定的难度。首先让学生仔细品读《虞美人》文本，通过吟诵、讨论、分析等手段初步理解词作内容及情感。

老师从南唐后主李煜词仅存三十余首中精选十来首让学生进行群词阅读。学生通过群词阅读，了解李煜前期词《玉楼春·晚妆初了明肌雪》《浣溪沙》《菩萨蛮·花明月暗笼轻雾》等作品，大多写声色犬马的宫廷生活和风花雪夜的男女爱情。后期亡国后李煜沦为阶下囚，词风发生巨变。在其《望江南·闲梦远》《虞美人·春花秋月何时了》等作品中可以看到其亡家国的悲痛、对故土的眷恋、为臣俘的屈辱、怅人生的绝望等哀情。词人心中的愁与恨像流水向东流一般绵绵不绝，最终招来杀身之祸。

通过群词阅读，学生对李煜作品有了全面了解与感知；深刻认识了《虞美人·春花秋月何时了》中"愁"的内涵。学生研读古诗词的意识提高了，对古诗词学习也更有兴趣了。

2. 从杜甫《蜀相》拓展到杜甫群诗阅读

学习杜甫《蜀相》引导学生学会置身诗境，细品诗句。分析"长使英雄泪满襟"，从中可以看到杜甫对诸葛亮的崇敬仰慕，也有对自己壮志未酬的叹惋。

自古英雄多情泪。杜甫的诗里常含着"泪"。分析杜甫《月夜》《悲陈陶》两首诗中的"泪"。从《月夜》里的"泪"，我们读到对月怀人、牵挂妻儿、期待团圆的情感；读到诗人饱含着对天下离乱的哀伤；读到诗人从小家到大家，为国忧虑的赤诚之心。《悲陈陶》让我们读到了杜甫怜惜百姓之心、对胡人的痛恨之情、忧虑国事的赤诚之心。

2016 年全国高考课标二古诗阅读题中出现过杜甫的诗歌《丹青引赠曹将军霸（节选）》，杜甫在诗歌中写曹霸将军画马高超技艺。这并不是杜甫最常见的"沉郁顿挫"风格的诗歌。高考题重在考查学生对文本的理解，要求学生真正读懂诗句并进行合理推断。考题特点为长诗节选、"事件"简单、考查目标突出。

因此，老师要引导学生阅读名篇名作时要注意作家作品的丰富性。杜甫在年轻时曾满怀豪情，在成都寓居时曾流连于江畔美景，在安史之乱时更多的是忧国忧民……他有面对现实的愁苦，亦有狂放的豪气。诗人在人生不同阶段诗风是不一样的。即使是同一阶段不同诗歌中表达的情感也不可能是完全一致的。在《望岳》中杜甫热情赞美了泰山高大巍峨，表达了诗人不怕困难、俯视一切的雄心和气概，以及卓然独立、兼济天下的豪情壮志。在《江畔独步寻花》组诗中，杜甫饱经离乱寓居成都西郊浣花溪畔草堂，暂时有了安身的处所，值春暖花开，感慨地写下这七首绝句。在《绝句》中杜甫写草堂旁的黄鹂、翠柳、白鹭、青天，写门泊"万里之船"，言下之意是接自己出山的船已经停泊在家门口了，隐含了学有所成，要去纵横天下的意味。此诗表面上写的是优美的景物，体现了作者"穷则独善其身，达则兼济天下"的思想。在杜甫的《饮中八仙歌》中用漫画素描的手法写下当时号称"酒中八仙人"的李白、贺知章、张旭等八人。诗中写他们的平生醉趣，生动地再现了盛唐时代文人士大夫乐观、放达的精神风貌。

由此可见杜甫是个现实主义诗人，但他也有狂放不羁的一面，他的作品也可能出现浪漫主义的色彩。学生在鉴赏诗词的时候，要在阅读诗句基础上，调动学过的知识背景理解诗词。这样才能避免贴标签式的单一理解，做到真正理解诗歌的深刻内涵。

三、运用群文阅读理念，改变师生教与学模式

（一）教师不仅是知识传递者，更是学生学习的引导者

在结合群文教学理念开展古诗文教学时，教师首先对学情要有足够的分析，然后对教学的内容进行选择调整，保证群文阅读质量。群

文阅读教学开展之前，教师需要做好充分的课前准备，根据学习目标，搜集相关资料，有的放矢，确定教学主题并告知学生。在开展群文阅读教学活动的过程中，教师要适度进行引导，对学生的阅读进行启发、指导、释疑，最后要提高学生思维，引导学生归纳总结。在老师的引导下，学生提高诗词文本解读能力，提高对同一诗人作品丰富性的认识，提高对同类作品不同诗人创作异同的分析等。

（二）学生发挥主体作用，培养高阶思维能力

在群文阅读中，学生地位提升，是教学的主体，对于学习具有一定的主动权。教师在组织群文阅读前要让学生先自主阅读、讨论相关诗文。在群文阅读教学中，在老师引导下，学生先对各个文本进行解读，再结合知人论世、题材类别、风格类别的知识对古诗文进行理解、分析、领悟，达到预设的群文阅读教学目标。学生在群文阅读中，思维能力、综合能力得到训练与提升，从而逐步提升古诗词的阅读鉴赏能力。

群文阅读教学的目的是提升学生的自主学习意识，加强学生的自主学习能力，培养学生的归纳总结等高阶思维能力。经过一定时间的群文阅读训练，学生对古诗词的阅读鉴赏能力可以得到明显提高，阅读、分析、综合与评价等能力都会有较大的提升。

综上所述，在高中古诗文教学中，教师巧用群文阅读的教学方式，能够帮助学生更好地提高语文核心素养。在群文阅读中，学生的学习空间得到了拓展，能够自主自由地开展阅读活动，发散自己的思维，从而有效提升自身的学习能力。群文阅读能恰到好处地提升"学生鉴赏古诗文能力"。这会使学生的阅读鉴赏过程充满思考与探究、领悟与创造。这将有助于学生自主学习、拓展阅读面、切实提高阅读能力。

参考文献：

[1] 陈旭强，王惠娟.群文阅读教学标准建设的思考与实践——以高中语文"学习任务群"教学为样本[J].江苏教育研究，2019（Z4）:116.

[2] 陈晓淑 . 高中古诗词教学的困境与突围——基于核心素养下的古诗词群文阅读教学尝试 [J]. 中学教育，2019（4）:86.

"三读法"，语文新课标教学改良的全新探索

《普通高中语文课程标准（2017 年版 2020 年修订）》指出"选读体现传统文化思想精华的代表作，参阅相关的研究论著，确定专题，进行研讨"。这是为了增进学生对中华文化核心思想理念和中华人文精神的认识和理解，体会中华文化创造性转化和创新性发展的趋势。

诗歌鉴赏"素读、参读、确读"三读法是一种创新的诗歌教学策略，旨在通过分阶段的阅读与思考，提升学生的诗歌鉴赏能力。

"素读"：独立阅读与初步感知。"素读"是诗歌鉴赏的起点，要求学生独立阅读诗歌，用心体会诗歌的意蕴和艺术魅力，形成自我独立的解读。这一阶段的核心是让学生以己心直贴文心，避免受到外部资料的影响，从而培养学生的自主阅读能力和对诗歌的直观感受。

"参读"：借助资料，拓展理解。在"素读"的基础上，"参读"阶段引入与诗歌相关的文论、赏析、作品等资料，帮助学生从多角度理解诗歌。学生通过阅读和筛选资料，融入自己的思考，从而深化对诗歌的理解。这一过程不仅拓宽了学生的视野，还培养了他们的信息筛选能力和批判性思维。

"确读"：结合目标，明确教学内容。"确读"是基于"素读"和"参读"后的最终教学环节。教师根据教学目标和学情，确定诗歌教学的重点内容。这一阶段强调"知人论世"，即通过了解作者经历、时代背景等，帮助学生深入理解诗歌的内涵。例如，在教学《锦瑟》时，教师通过引导学生联系典故和意象，帮助学生感受作者的情感。

"素读"让学生独立思考，避免依赖外部资料，有助于培养自主

学习能力。"参读"借助他人研究成果，帮助学生从不同角度理解诗歌，贴合教学目标。"确读"结合课程标准和学情，确保教学内容的针对性和有效性。这三读有利于培养自主学习能力。教学过程中注重学生主体性。在"素读"阶段，教师应鼓励学生大胆表达自己的感受和理解。在"参读"阶段，教师应指导学生选择高质量的参读资料，避免信息过载。通过"素读、参读、确读"三读法，诗歌教学能够更好地激发学生的兴趣，提升他们的鉴赏能力和文化素养。

诗歌鉴赏是语文能力维度中属的D级。学生要通过识记（A级）到理解（B级），到分析综合（C级），才能达到鉴赏评价（D级）的阶段。高中语文课程标准要求教师在教学中提高学生对古诗文的语言感受力，让学生学会鉴赏诗歌。学生通过阅读和鉴赏古代诗歌，体会中华文化的博大精深，陶冶性情，提高审美修养。

高中诗歌教学中老师总喜欢先教学诗歌的类别知识、背景知识、作者创作风格，然后才联系文本分析诗句。这就造成学生忽视了对诗歌文本内容的认识。这种做法不是真正的鉴赏诗歌。我们要提高平常教学程序的合理性，不必固化"背景知识前置"以及"类别知识前置"，尽量引导学生先独立地直接阅读诗歌文本本身，用心体会诗歌意蕴和魅力的具体性和独特性。然后，参读与诗歌相关的文论、赏析、作品等，借鉴他人资料，多方位多角度来理解鉴赏诗歌。最后，老师在素读与参读的基础上，根据教学目标及学情确立教学内容，即确读。

一、素读为先，调动自我认知解读诗句内容

语文老师自己应该先素读诗歌的诗句，先体会作者的情感，然后参读相关资料，借鉴他人的阅读体验，提高自身的阅读感受，最后确定诗歌的学习内容。当然，这种方法同样适用于学生，学生在课前或者课上都可完成参读。

何谓"素读"？素读一般把当前课文文本（含注释）视为完足的鉴赏对象,强调独立的直接的解读,努力发现文本内在多种联系的可能,不断扩展解读的丰富性,深化解读的层次性。法国著名文学批评家罗兰·巴特在其《文本理论》中指出："文本是文学作品展示出来的现象表层,是进入作品并经过精细安排后建立的某种相对稳定且具有单一意义的语词的编制网。"在对课文文本进行阅读时,要求老师和学生以一种原始的心态理解文本,注重自我的阅读体验,调动自我认知把握作者原初的内在思想。素读追求的是能够以一种平和的心态走进文本,与文本的作者在情感、态度、价值观点上取得共识。这是符合汉语言学习规律并适合认知规律的阅读。素读有利于提高我们的言语性阅读能力、阐释性阅读能力、探究性阅读能力、批判性阅读能力等。

素读的过程,其实是一种回归阅读本质的过程。在这一过程中,读者摒弃了外部的干扰,仅依靠文本本身去感受文字的魅力和情感的流动。这种阅读方式,能够让学生在初读时就建立起对文本的直观感受,而不是被他人的解读所左右。例如,在阅读李白的《将进酒》时,学生可以通过素读,直接感受到诗中那种豪放不羁的情感和对人生短暂的慨叹,而不是先被"浪漫主义""夸张手法"等标签所束缚。通过素读,学生能够更好地理解诗歌的节奏、韵律和意境,从而在后续的学习中,更好地与作者进行心灵的对话。

此外,素读还能够培养学生的自主学习能力和独立思考能力。在没有外部资料辅助的情况下,学生需要依靠自己的知识储备和理解能力去解读文本,这无疑是一种挑战,也是一种成长。通过这种方式,学生能够逐渐学会如何从文字中挖掘信息,如何分析文本的结构和情感,从而在阅读中不断提升自己的语文素养。

总之,素读是一种回归文本本质的阅读方式,它能够让学生在阅读中充分调动自我认知,与文本建立直接的联系。这种阅读方式不仅有助于学生深入理解文本，还能够培养他们的自主学习能力和独立思考能力，是诗歌鉴赏教学中不可或缺的重要环节。

二、参读材料，多角度参考解读资料

参读是对与课文相关的文论、赏析、作品等内容进行阅读，进而扩大阅读的视野，有助于对课文文本的理解。通过对所获取的资料进行剔抉爬梳、分析综合、参酌辩证，学生能够扩大知识面，解决疑问，加深理解能力。参读活动会在参读文本、课文、读者之间建立起一种积极的认知关系，是一种横向的结构方式。

（一）课堂上参读资料的应用

以课题组王文宇老师的《锦瑟》教学为例，探讨课堂上参读的具体做法。《锦瑟》是一首充满神秘色彩的诗歌，至今仍有"爱情诗""悼亡诗""自伤身世诗"等多重解读，学界尚未形成统一认识。王文宇老师在课堂上让学生参读当代专家解读和历代学者对文本的多元解读，引导学生从不同角度理解诗歌。

参读资料：

1. 当代专家解读举例

孙绍振指出，在唐诗中，"春心"一词在描述自然景观时才与春天有关，而在描述心情时，则特指男女感情。例如李白的"忆昔娇小姿，春心亦自持"和权德舆的"镜里红颜不自禁，陌头香骑动春心"，都与恋情有关。这种解读为学生提供了从爱情角度理解《锦瑟》的思路。

张中行则从人生感悟的角度解读《锦瑟》："锦瑟无端五十弦，一弦一柱思华年"，诗人感叹岁月流逝，回首往事，感慨万千。"庄生晓梦迷蝴蝶，望帝春心托杜鹃"，曾经的梦想和相思，如今都化为泪水和迷惘。"此情可待成追忆，只是当时已惘然"，表达了对往昔情感的怀念与无奈。这种解读帮助学生从人生感悟的角度理解诗歌。

2.历来学者对文本的多元解读

历代学者对《锦瑟》的解读更是五花八门。刘攽《中山诗话》认为《锦瑟》可能是令狐楚家青衣的名字；黄朝英《缃素杂记》引用苏轼的观点，认为诗中"适、怨、清、和"四字分别对应四句诗，表达了不同的情感；胡应麟《诗薮》则认为"锦瑟"是青衣的名字，整首诗是追忆之作；陆次云《五朝诗善鸣集》称赞这首诗意境迷离，难以捉摸；钱谦益、何焯《唐诗鼓吹评注》认为这是一首有感而发的诗，主旨难以确定；何焯《义门读书记》则认为这是一首悼亡诗，表达了对逝去之人的怀念。

教师引导学生参读这些历史及当代的文学评论，将各种题旨的猜想呈现给学生。学生在了解他人见解的基础上，可以印证其中一种说法，或者提出自己的独特见解。这种参读方式不仅拓宽了学生的视野，还有利于培养学生的探究精神和质疑精神。通过参读这些关于《锦瑟》的解读性文字，学生能够构建起对文本较为全面的理解，进而鉴赏诗歌的创作艺术特色及情感表达的丰富性。

（二）课外参读法的应用

课外参读同样是一种重要的教学手段。以课题组李惠老师在教《念奴娇·赤壁怀古》时为例，她利用课外时间和学生们一同参读了相关资料。课前，老师为学生提供了苏轼的文学常识、诗作的创作背景及相关作品，帮助学生在课堂学习之前做好充分准备。

参读资料：

了解苏轼的生平经历、文学成就及其在文学史上的地位。

乌台诗案：通过了解苏轼因写诗讽刺新法而被贬黄州的背景，学生能够更好地理解《念奴娇·赤壁怀古》中蕴含的复杂情感。

康震《苏东坡到底是怎样的一个人》：从专家视角解读苏轼的性格特点及其对作品的影响。

林语堂《苏东坡传》：通过传记了解苏轼的人生轨迹，感受其乐观旷达的人生态度。

余秋雨《苏东坡突围》：从文化散文的角度解读苏轼在困境中的精神突围。

康震《评说苏东坡：品味苏东坡的别样人生》：进一步了解苏轼的多面性及其作品的内涵。

百家讲坛《苏轼·大难临头》：通过视频讲座的形式，让学生更直观地感受苏轼的坎坷人生。

这种参读方式让学生对苏东坡的人生经历及性格特点有了较为全面的把握。苏轼因"乌台诗案"被贬黄州，这段经历深刻影响了他的创作。《念奴娇·赤壁怀古》正是他在黄州第三年春天的作品，表现了他壮志难酬的苦闷与乐观旷达的复杂心情。学生在阅读这些参读资料的过程中，会经历一个阅读和筛选的过程，并融入自己的思考与理解。例如，学生可以理解苏轼为什么选取三国周瑜这个历史人物，用周瑜人生中比较典型的事件来行文。词人通过与周瑜的对比，表现了自己的矛盾心情：他命运坎坷，先因反对新法不受神宗重用，后因"乌台诗案"入狱，获罪遭贬，报国无门，因而早生华发。这些参读资料有利于老师在课堂上达成确读目标，帮助学生更深入地理解《念奴娇·赤壁怀古》的内涵。

通过课堂和课外的参读实践，学生能够从多角度、多层次地理解诗歌，不仅拓宽了知识面，还培养了批判性思维和独立思考的能力。这种参读方法为诗歌教学提供了丰富的素材和广阔的视野，是提升学生文学素养和鉴赏能力的重要途径。

三、确读内容，结合课程设置的目标确立教学内容

语文课程具有丰富的人文内涵和很强的实践性。教材是根据课程

标准编写的，其目的是通过系统的教学内容，帮助学生提升语文素养，培养人文精神和审美能力。阅读文学作品是发现和构建作品意义的过程。在这个过程中，学生需要努力做到知人论世，通过查阅有关资料，了解作者的经历、时代背景、创作动机等，以此加深对作品的认识。我们采用的"三读法"就是在"素读"的基础上，有针对性地"参读"相关资料，再进入"确读"环节。其中，"确读"是获得对文本的最终理解和认识，是教师最后呈现给学生的教学设计、教案、学案等。

以《锦瑟》为例，它是人教版高中语文必修四第二单元第七课，属于唐代诗歌单元的第三课。这个单元的学习主要是在理解诗意的基础上，进入诗歌情境，感受古代社会生活与古人的情感世界，领略古人的独特审美情趣。在朗读中，学生需要提高对诗歌思想内容和艺术特色的感悟能力。教师在"确读"时要抓住单元教学目标，结合学生实际情况进行教学。例如，教师可以引导学生联系典故，紧抓蕴含丰富情感的意象，通过想象和联想，以自己的理解去还原诗人心中的镜像。通过这样的教学设计，学生能够感受到作者在时光追忆中的伤痛、怀念、无奈和迷茫之情。这种深度的教学设计不仅帮助学生理解诗歌的表层意义，更能引导他们挖掘诗歌的深层内涵。

再如《念奴娇·赤壁怀古》，它是人教版高中语文必修三第二单元第四课，属于宋代词单元的第一课。这个单元的学习主要是在学习不同风格的名作，了解词的句式，体会词的音韵美，理解作品内容，领悟其中的意境等。教师在"确读"时抓住单元教学目标，通过"诵、识、析、悟、拓、写"对学生进行教学。具体而言，"诵"即为涵泳诗韵，让学生在反复诵读中感受诗歌的韵律美；"识"即为知人论世，了解苏轼的生平经历和创作背景；"析"即为语言鉴赏、形象分析，引导学生品味诗歌的语言和意象；"悟"即为情感体悟、表现技巧，帮助学生理解诗人的复杂情感；"拓"即为拓展联想，鼓励学生将诗歌与自己的生活经验联系起来；"写"即为作文素材，引导学生将诗词鉴赏的成果转化为写作能力。李惠老师通过这几个环节开展诗歌教学，在学生课前参读的基础上，教给学生鉴赏诗词的方法，帮助他们通透理解诗词的表层含义和深层含义，从而有效提升诗词鉴赏能力。

　　总之，"三读法"实践研究让我们收获颇多。素读是原初地、直接地阅读课文，以己心直贴文心，形成自我独立读解。它是阅读的起点，也是终点。参读是借助参考学界相关的读解，与丰富的社会化读解融通，保障社会化精神和言语生命的健康发展。它为教师备课和学生预习提供足够的深度、广度和鲜活度。确读则是在素读的基础上，有针对性地参考相关资料，进入确读环节，获得对文本的最终体认。素读、参读、确读，既要贴着学生疑惑，也要扣住课文精要。每一阶段的工作重点不同，但始终贯穿学生疑惑和课文教学精要。素读要有地气，参读要有底气，确读要有生气。通过"三读法"教学，教师可以结合各种资料，一篇带动多篇，多方位理解文本，完善课堂教学，完成教学目标，达到良好的学习效果。这种教学方法不仅提升了学生的语文能力，还培养了他们的自主学习能力和批判性思维，为他们的终身学习奠定坚实的基础。

叙事学理论：在小说鉴赏教学中的应用与实践

《普通高中语文课程标准（2017 年版 2020 年修订）》学习任务群 5 "文学类阅读与写作"旨在"引导学生阅读古今中外诗歌、散文、小说、剧本等不同体裁的优秀文学作品，使学生在感受形象、品味语言、体验情感的过程中提升文学欣赏能力，并尝试文学写作、撰写文学评论，借以提高审美鉴赏能力和表达交流能力"。小说教学在中学语文教学中占有重要位置。如何让学生更好地理解、分析、鉴赏小说，如何增强学生的思维能力与审美能力，是语文老师亟待解决的问题。叙事学是专门研究叙事文学的理论，把叙事学引入中学语文教学中，可从理论层面提高学生的鉴赏水平，有利于开阔学生的视野，提高学生的思维水平及审美能力。本文将从叙事学的视角、时序、节奏、结构、语言、主题理论引入小说教学来谈鉴赏小说。

一、从视角理论引导学生鉴赏小说

法国叙事学家热拉尔·热奈特综合了前人的观点后提出的"视角术语"，强调了叙事角度对所描绘对象的决定作用。每部小说都是作者精心设计而成的，阅读小说要关注小说是如何对事件展开叙述的，选择的是哪种叙述的视角。

叙述视角有一种是被称为全知全能的视角，也称为上帝的视角。从全知视角向读者详尽地介绍完整细致的故事情节。这种全知视角在中国古典小说四大名著中表现最为明显，说书人掌握着对故事情节的概括及对场景的描绘。例如《水浒传》这部小说，说书人好似站在事件之外却能主宰着故事的进程及情节的走向，对叙述有着控制权。章回小说的回目开头，结尾的程式更显示出这一控制权。回前的"话说"，回末的"且听下回分解"，以及在回中的"且说""却说""再说""不说……只说……"等说书人的口语就把小说的视角统一到说书人的视角上。这是居高临下、鸟瞰全局的无限视野，表现在绘景、写人、叙事时，不仅言其外在，还可深入心灵深处。总之全知全能的视角下写作完全不受时空人事的阻隔，极其自由。

叙述视角还有一种是作品中的旁观者的视角。他们不是作品的主人公，却常常介入其中，而且总能恰如其分地展示或推动小说故事情节的发展。鲁迅《孔乙己》中采用的是小店员的视角，是第三人称的视角。首先，利用小店员作为写作视角，省略了许多情节，让读者去想象补充，彰显了鲁迅小说的潜在力量。《孔乙己》通过店员视角选取了三个截面，展示了人物的一生。其次，以小店员作为视角，可以更好地观察孔乙己，也可以更好地观察其他看客，展现作品主题。在鲁迅看来，为他国做间谍送死固然是悲剧，但是，对同胞之漠然地观看，更是悲剧。《孔乙己》里看客式的悲剧，就是通过小店员的眼光展示的。拉开了叙述者与孔乙己和其他看客的距离的平淡叙述，没有描写，没有渲染，更无抒情和议论，真正是从容不迫，把爱憎藏于对现实的客观冷静描写中。还有，小店员用孩子的眼光看到孔乙己"从不拖欠""失踪"既是客观描述，又是作者对孔乙己的同情。没有让他在大庭广众之下承认自己是小偷，没有让他的自尊心公开地彻底崩溃，相反，突出孔乙己在酒店里的"品行"甚至比别人好，酒钱不大拖欠，主动教人"茴"字的4种写法。写他坚持穿着长衫，说话文白相间，都意在表明他还残留着一点"读书人"的自尊。

叙述视角还有一种是作品中的主人公的视角。余华的《十八岁出门远行》采用的是第一人称的视角。余华正用"仿梦"的方式，生动地揭示了世界的荒诞无常和青年人在这种荒谬人生面前的深刻迷惘，而作品所剖示的"我"在青春初旅中的种种微妙的心情，则印证了海德格尔关于心情是人的根本存在方式，人被抛入世界后首先产生的是种种心情的理论，艺术地完成了对人的存在命题的揭示。

叙述视角是一个文本审视世界的角度。叙事视角选择的差异性，可以使行文跌宕起伏，富有生趣。视角的独特性就是能用观察者的眼睛来看待事件。视角理论引导学生鉴赏小说，可以让学生更深入理解人物形象，更好地把握作者的创作意图，更深刻地理解小说主题思想。

二、从时序理论引导学生鉴赏小说

叙事文学作为话语，它的基本结构是线性历时结构，在这样的话语中，时间是一个基本要素。叙事作品中时间的特征是它的二元性：故事时间和叙述时间。故事时间，指故事发生的自然时间状态；叙述时间，指故事内容在叙述文本中具体呈现出来的时间状态。一般叙事时序有三种方式：顺叙、倒叙、插叙。叙述时序的选择对读者的影响不容小视。

顺时序是单纯自然的常规时空，自然天成，如潺潺溪水。余华的《十八岁出门远行》采用的是顺序的方法。18 岁的"我"开始了旅程，18 岁的青春被放逐在一个巨大的社会环境里，"我"经历了一系列现实挫折之后，也经历了蜕变。以时间为顺序揭示了当代中国青年成长历程的心理轨迹，这种顺叙的方式让读者能够跟随主人公的视角，逐步感受成长的迷茫与痛苦，使故事的推进更加自然流畅。

倒叙与插叙的使用，会出现时空交错，纷繁复杂，给小说阅读带来一点小障碍。在这类小说的阅读中，要理清故事时间，重建顺时序。卡夫卡的《变形记》采用了"混叙"，从"格里高尔变成一只大甲虫"开始倒叙，时而回想过去，时而写现实，时而思考未来。在交错的时序中，既显示出格里高尔思绪的混乱，又揭示出人与人之间极其孤独和陌生的本质。该小说强调"距离感"和"陌生化"，加上时序交错，学习难度较大。我们可以通过梳理故事时间来解决这一问题：父亲破产→格里高尔养家→变成甲虫→家人照顾→家人厌恶→被家人抛弃、自杀→家人出游。理清事件的时间顺序后，故事情节变得清晰，阅读小说就容易多了。

2018年全国高考语文课标一卷中阿成的小说《赵一曼女士》采用了倒叙和插叙的方法，在叙述中出现了历史和现实的重叠。试题紧扣"历史与现实交织穿插"的叙述方式来设题，创设历史具体情境，让学生关注文本中现实对历史的追问、历史的现场叙述、史料的还原，体现赵一曼精神的当下意义。试卷中设题为：小说中历史与现实交织穿插，这种叙述方式有哪些好处？请结合作品简要分析。参考答案：①既能表现当代人对赵一曼女士的尊敬之情，又能表现赵一曼精神的当下意义，使主题内蕴更深刻；②可以拉开时间距离，更加全面地认识英雄，使人物形象更加立体；③灵活使用文献档案，与小说叙述相互印证，使艺术描写更真实。这样的设题、答题突出了叙述对表现小说主题、人物及阅读效果的作用，体现出历史文献及当代人的视角，也使文章更为感人，突出了氛围效果。

掌握小说时序理论，用时序理论来分析鉴赏小说，我们可以更好地理解小说内容，发现作者安排时序之美之巧。通过分析时序，学生能够更深入地理解作者的创作意图，把握故事的节奏和情感走向。例如，倒叙和插叙的使用往往能够增强故事的悬念和戏剧性，而顺叙则更注重故事的连贯性和自然性。通过引导学生关注时序的安排，教师可以帮助学生培养对叙事结构的敏感度，提升他们的分析能力和审美水平，从而更好地欣赏小说的艺术魅力。此外，这种分析方法还能帮助学生在写作中灵活运用时序技巧，丰富叙事层次，提升写作能力。在教学中，教师可以通过对比不同作品的时序安排，引导学生总结规律，进一步加深对时序理论的理解和应用。

三、从节奏理论引导学生鉴赏小说

小说中事件的进展有一个快慢的节奏问题，事件的叙述也有一个详略的问题，因此小说也就有了节奏。好的作家是创造小说节奏美的能手。通过节奏的控制，作家可以引导读者的情绪，增强故事的吸引力和感染力。节奏理论不仅可以帮助学生更好地理解小说的内容，还能让他们深入体会作者的创作意图和艺术手法。

小说节奏中的徐缓之美。欧·亨利的《最后一片常春藤叶》开篇对环境的渲染："华盛顿广场西面的一个小区，街道仿佛发了狂似的，分成了许多'巷子'的小胡同。"在看似缓慢而又简单的环境描写中，发狂的街道已暗暗透露着病态的气息。作者正是运用看似缓慢的节奏推动情节的发展。这种缓慢的节奏不仅为故事营造了一种压抑的氛围，还为后续情节的发展埋下了伏笔。通过这种细腻的描写，读者能够逐渐感受到故事中人物的困境和内心的挣扎。

鲁迅在《阿Q正传》中一处细节的描写："阿Q要画圆圈了，那手捏着笔却只是抖……立志要画得圆，但这可恶的笔不但很沉重，并且不听话，刚刚一抖一抖的几乎要合缝，却又向外一耸，画成瓜子模样了……他想：孙子才画得很圆很圆呢，于是他睡了。"这些细致而缓慢的描写将阿Q的精神胜利法凝聚为细腻的动作，读者从这些动作中可以体悟到日常生活中难以意识到的精神现象。这种缓慢的节奏不仅让读者对阿Q的性格有了更深刻的理解，还增强了故事的讽刺效果。

小说节奏中的急促之美。小说写景描人叙事的关键处，宜细绘细描，但非关键处则三言两语一笔带过，要用"概述""省略"之法来控制节奏，创造一种"急促之美"。例如莫泊桑在《项链》中着力描绘只有两个小段的时间。一是决定路瓦栽夫人后半生命运的 1 月 18 日，二是 10 年后与佛来思节夫人邂逅的那天。而其他的岁月在作者笔下都是一掠而过。对于路瓦栽夫人还债 10 年的岁月如何辛苦度过，只是一笔带过，没有多费笔墨。急促的节奏使得小说内容简洁明了，突出了关键情节，增强了故事的紧凑感和戏剧性。

小说中时而缓慢时而急促交错的跌宕之美。从整篇小说来看，小说的节奏是快慢疾徐变化的。详写略写的交错运用使小说的情节如大江之水时而平缓时而激荡。这使小说的节奏跌宕起伏，情节引人入胜。小说《孔乙己》的节奏就呈现出缓急有致的跌宕之美。开头详细介绍酒店的格局、众人喝酒，读者据此可欣赏浙东风俗。此后便是用详细的场景描写，写孔乙己的几次到店，其用间接描写，即"概述"之法介绍孔乙己的身世、阅历等。文中有缓缓叙述孔乙己受嘲笑和与孩子们交往后的神情、动作、语言，表现他的迂腐、清高、无赖气，以及善良、童心的一面。文中通过他人言语"概述"简单介绍孔乙已从读书到抄书到偷书到死亡的人生经历，展示了他的人生毁灭之路。详略之间慢快交错，使《孔乙己》的情节几度跌宕，从而完成了展现"封建科举制度害人以及病态社会冷酷"的主题。

采用节奏理论，引导学生理解作者在作品中采用的或急或慢的节奏，能更好地理解小说作者创作思路及主题思想。通过分析小说的节奏，学生可以更深入地体会作者在创作过程中如何通过节奏的变化来引导读者的情绪，增强故事的吸引力和感染力。例如，在《最后一片常春藤叶》中，缓慢的节奏不仅营造了压抑的氛围，还为后续情节的发展埋下了伏笔；在《阿 Q 正传》中，细致的描写让读者对阿 Q 的性格有了更深刻的理解，增强了故事的讽刺效果；在《项链》中，急促的节奏使得小说内容简洁明了，突出了关键情节，增强了故事的紧凑感和戏剧性；在《孔乙己》中，缓急有致的节奏使情节几度跌宕，完成了对封建科举制度和病态社会的批判。

通过引导学生关注小说的节奏，教师可以帮助学生培养对叙事节奏的敏感度，提升他们的分析能力和审美水平，从而更好地欣赏小说的艺术魅力。此外，这种分析方法还能帮助学生在写作中灵活运用节奏技巧，丰富叙事层次，提升写作能力。在教学中，教师可以通过对比不同作品的节奏安排，引导学生总结规律，进一步加深对节奏理论的理解和应用。

四、从叙事结构理论引导学生鉴赏小说

叙事结构是小说的重要组成部分，它决定了故事的框架和情节的发展。通过分析小说的叙事结构，学生可以更好地理解作者的创作意图和故事的内在逻辑。叙事结构理论主要包括线性结构、环形结构、网状结构等。

线性结构是最常见的叙事结构，故事按照时间顺序展开，情节发展清晰明了。例如，余华的《活着》采用了线性结构，通过主人公福贵的一生，展现了中国社会的变迁和人性的复杂。这种结构使得故事连贯流畅，读者可以清晰地跟随主人公的经历，感受到时间的流逝和命运的无常。

环形结构是一种特殊的叙事结构，故事的开头和结尾相互呼应，形成一个闭合的环。例如，加西亚·马尔克斯的《百年孤独》采用了环形结构，故事从布恩迪亚家族的创始人开始，到家族的最后一个成员结束，形成了一个完整的循环。这种结构不仅增强了故事的象征意义，还使得读者在阅读过程中感受到时间的循环和命运的不可逃避。

网状结构是一种复杂的叙事结构，故事由多条线索交织而成，情节错综复杂。例如，托尔斯泰的《战争与和平》采用了网状结构，通过多条线索展现了拿破仑战争时期俄国社会的全貌。这种结构使得故

事内容丰富，读者可以从不同的角度理解故事，感受到历史的复杂性和人性的多样性。

通过分析小说的叙事结构，学生可以更好地理解作者的创作意图和故事的内在逻辑。例如，线性结构使得故事连贯流畅，读者可以清晰地跟随主人公的经历；环形结构增强了故事的象征意义，使得读者感受到时间的循环和命运的不可逃避；网状结构使得故事内容丰富，读者可以从不同的角度理解故事。通过引导学生关注小说的叙事结构，教师可以帮助学生培养对叙事结构的敏感度，提升他们的分析能力和审美水平，从而更好地欣赏小说的艺术魅力。

五、从叙事语言理论引导学生鉴赏小说

叙事语言是小说的重要组成部分，它决定了故事的表达方式和读者的阅读体验。通过分析小说的叙事语言，学生可以更好地理解作者的创作风格和故事的情感基调。叙事语言理论主要包括叙述者的语言、人物的语言、叙述节奏等。

叙述者的语言是小说的重要组成部分，它决定了故事的叙述方式和读者的阅读体验。例如，鲁迅的《狂人日记》采用了第一人称的叙述方式，通过主人公的内心独白，展现了封建社会的黑暗和人性的扭曲。这种叙述方式使得故事真实感人，读者可以深入理解主人公的内心世界，感受到作者对社会的批判和对人性的思考。

人物的语言是小说的重要组成部分，它决定了人物的性格和故事的情感基调。例如，曹雪芹的《红楼梦》通过人物的对话和内心独白，展现了人物的性格和情感。贾宝玉的多情、林黛玉的敏感、薛宝钗的稳重，都通过他们的语言表现得淋漓尽致。这种语言使得人物形象鲜明，读者可以深入理解人物的内心世界，感受到作者对人性的深刻洞察。

叙述节奏是小说的重要组成部分，它决定了故事的节奏和读者的

阅读体验。例如，海明威的《老人与海》采用了简洁明快的叙述节奏，通过主人公的内心独白和行动描写，展现了人与自然的斗争和人性的坚韧。这种叙述节奏使得故事紧凑有力，读者可以感受到主人公的坚韧和勇气，感受到作者对人性的赞美和对生命的敬畏。

通过分析小说的叙事语言，学生可以更好地理解作者的创作风格和故事的情感基调。通过引导学生关注小说的叙事语言，教师可以帮助学生培养对叙事语言的敏感度，提升他们的分析能力和审美水平，从而更好地欣赏小说的艺术魅力。

六、从叙事主题理论引导学生鉴赏小说

叙事主题是小说的重要组成部分，它决定了故事的核心思想和读者的阅读体验。通过分析小说的叙事主题，学生可以更好地理解作者的创作意图和故事的社会意义。叙事主题理论主要包括社会主题、人性主题、哲学主题等。

社会主题是小说的重要组成部分，它决定了故事的社会意义和读者的阅读体验。例如，鲁迅的《阿Q正传》通过主人公阿Q的悲惨命运，展现了封建社会的黑暗和人性的扭曲。这种主题使得故事具有深刻的社会意义，读者可以感受到作者对社会的批判和对人性的思考。

人性主题是小说的重要组成部分，它决定了故事的人性探索和读者的阅读体验。例如，陀思妥耶夫斯基的《罪与罚》通过主人公拉斯柯尔尼科夫的内心挣扎，展现了人性的复杂和道德的困境。这种主题使得故事具有深刻的人性探索，读者可以感受到作者对人性的深刻洞察和对道德的思考。

哲学主题是小说的重要组成部分，它决定了故事的哲学思考和读者的阅读体验。例如，加缪的《局外人》通过主人公默尔索的冷

漠和荒诞，展现了存在的荒诞和人生的无意义。这种主题使得故事具有深刻的哲学思考，读者可以感受到作者对存在的思考和对人生的反思。

通过分析小说的叙事主题，学生可以更好地理解作者的创作意图和故事的社会意义。例如，社会主题使得故事具有深刻的社会意义，读者可以感受到作者对社会的批判和对人性的思考；人性主题使得故事具有深刻的人性探索，读者可以感受到作者对人性的深刻洞察和对道德的思考；哲学主题使得故事具有深刻的哲学思考，读者可以感受到作者对存在的思考和对人生的反思。通过引导学生关注小说的叙事主题，教师可以帮助学生培养对叙事主题的敏感度，提升他们的分析能力和审美水平，从而更好地欣赏小说的艺术魅力。

总之，叙事学理论为语文教师更好地进行教学提供了坚实的理论基础。叙事学的基本范畴，比如叙述视角、叙事时序、叙事节奏、叙事结构、叙事语言、叙事主题等，直接对应小说的构成元素。教师利用叙事学理论进行小说分析，可以带领学生看到小说文本的独特风景，让学生拥有理论言说能力和表达形式。通过这些理论工具，学生能够更深入地理解小说的结构和内涵，从而提升他们的文学鉴赏能力和批判性思维。例如，分析叙述视角可以帮助学生理解作者如何通过不同的视角来塑造人物和情节；探讨叙事时序则能让学生把握故事的时间线索，理解作者如何通过时间的安排来增强故事的戏剧性；而研究叙事节奏则能让学生感受到故事的节奏变化，理解作者如何通过节奏的控制来引导读者的情绪。这些分析不仅有助于学生更好地理解小说，还能激发他们对文学创作的兴趣，培养他们的文学素养和创造力。

参考文献：

1.热拉尔·热奈特.叙事话语新叙事话语 [M].北京：中国社会科

学出版社，1990.

2. 段双全．鲁迅小说教学的"叙述学"研究 [J]．安康师专学报，2004，（4）.

3. 胡亚敏．叙事学 [M]．武汉：华中师范大学出版社，1994.

跨媒介的阅读：语文项目化学习的观察与思考

《普通高中语文课程标准（2017 年版 2020 年修订）》学习任务群 3 "跨媒介阅读与交流"旨在"引导学生学习跨媒介的信息获取、呈现与表达，观察、思考不同媒介语言文字运用的现象，梳理其特点和规律，提高跨媒介分享与交流能力，提高理解、辨析、评判媒介传播内容的水平，以正确的价值观审视信息的思想内涵，培养求真求实的态度"。语文项目化学习围绕问题解决设计项目，与学习任务群的任务驱动有着本质上的相同点，符合《普通高中语文课程标准（2017 年版 2020 年修订）》精神。

跨媒介阅读是时代发展的产物，阅读文本的载体从原有的纸质载体转变为电子载体、网络载体、纸质载体等多种形式并存的样态，在不同的媒介上阅读有不同的特点与要求。跨媒介阅读会给学生带来阅读方式的改变，同时促进学生思维方式改变，培养出具有新时代阅读素养的学生。项目化学习是一种能有效地培养学生学习素养和能力的教学方式，在跨媒介视域下进行初中语文项目化学习，对初中语文教学会产生怎样的影响呢？

一、厘清关键概念，发现存在问题

跨媒介阅读指以报纸期刊、广播电视等传统媒介和电脑、手机等新媒介作为载体的阅读。陈文忠教授认为"媒介"包含纸质媒介、实体媒介、数字媒介等。跨媒介阅读是以传统纸质阅读和信息技术支撑的数字阅读组成的新阅读形式，具有如下特征：首先，学生的学习资源更为丰富。学习资源不仅是纸质书本，还可以在跨媒介视域下拓展、延伸学习资源。其次，学生的学习方式会发生改变。跨媒介阅读可以不受时间和空间限制，采用线上线下、课内课外相结合的方式进行学习、讨论、分享、交流、反馈、评价等。

项目化学习来源于杜威的"做中学"经验学习和克伯屈的设计教学法。夏雪梅团队提炼了项目化学习的四个特征：核心知识的再建构、创建真实的驱动性问题和成果、用高阶学习包裹低阶学习、将素养转化为持续性的学习实践。跨媒介阅读视域下开展语文项目化学习的意义如下：整合媒介资源，丰富教学内容；运用多种形式，理解作品内容；拓展阅读视野，提高综合能力。

二、课例实践探索，不断观察反思

语文项目化学习是一种以问题为导向，采用参与性教学等方式促进学生主动学习、自主探究和创新思维的教学模式。如统编教材课文《孔乙己》及拓展阅读可作为一个跨媒介阅读视域下项目化学习的课例（如下表）：

《孔乙己》及拓展阅读的项目化学习

环节	时间安排	学习内容
入项活动	预习（课后作业）	1. 纸质的课文阅读 2. 结合视频资源《孔乙己》进行电子阅读 3. 通过各种媒介了解鲁迅创作《孔乙己》的背景
知识与能力构建	课堂学习（三课时）	第一课时：读课文，理解课文内容，梳理文章脉络，分析主要人物形象等 第二课时：着眼于细读和比读，联系现实，尝试从更普遍的人性角度重审本文的教学价值，从"酒客""掌柜"这些旁观者切入，读出世人的冷漠、凉薄 第三课时：笔纸测试评价及文章主题辩论

| 拓展探究形成成果 | 课外阅读（两周） | 一、阅读以下作品：
1. 鲁迅《示众》
2. 茨威格《旧书商门德尔》
3. 加缪《局外人》
（在阅读过程中师生经常利用不同媒介交流互动）
二、准备分享交流课件，提出阅读思考及疑问 |
| 公开成果 | 课堂分享（一课时） | 《孔乙己》拓展阅读成果分享交流会 |

（一）知识与能力构建环节

本环节设计为课堂学习三课时。目标是紧扣教材精读细读，适度拓展研讨。

第一课时

学生在已利用各种媒介预习的基础上，使用统编教材阅读课文《孔乙己》，梳理文章脉络，全面理解课文内容，了解文章主要人物形象等。

第二课时

着眼于细读和比读看客、联系现实和鲁迅，尝试从更普遍的人性重审本文的教学价值，从"酒客""掌柜"这些旁观者切入，读出世人的冷漠、凉薄。对鲁迅的理解，着眼在其对国民"病灵魂"的解剖与唤醒上。目的在于培养学生细读和比读文本的习惯，帮助学生深入领悟文章内涵，探究鲁迅经典在当下语境中的价值。具体教学过程如下：

任务一：主问题探究。（由越剧《孔乙己》小片段导入）

《孔乙己》的最后一段："我到现在终于没有见——大约孔乙己的确死了。""大约"和"的确"语义矛盾，为什么"我"在"终于没有见"的情况下认为孔乙己"的确死了"？

任务二：读孔乙己。预习检测，快问快答。说一说孔乙己都受到过哪些伤害？

任务三：读酒客。由酒客的言语深入探讨酒客冷漠之内心。

细读、演读第 4 段和第 6 段：众酒客是用怎样的眼光来看孔乙己的？

比读第4段和第6段：你认为哪个场景对孔乙己的伤害更大？为什么？

任务四：读掌柜。由掌柜的言语深入探讨掌柜冷酷之内心。（与酒客进行比读）

比读：细读第10—11段，思考掌柜看孔乙己的眼光和众酒客有何异同。

任务五：回归主问题。《孔乙己》的最后一段，"大约"和"的确"语义矛盾，为什么"我"在"终于没有见"的情况下认为孔乙己"的确死了"？将社会对于贫苦人的冷淡，不慌不忙地描述出来。

任务六：联看客。联系当今社会现实，追问国民劣根性。结合湖南网红自杀事件视频，分析网红在直播间喝下农药自杀身亡系谁之过。

任务七：联鲁迅。孤独而深刻的呐喊。本文写于1919年，选自小说集《呐喊》。结合材料思考：你觉得鲁迅先生的这篇文章于100多年后的今天在"呐喊"什么？

课后作业：辩词撰写。辩题是"谁杀死了孔乙己"。正方：孔乙己悲剧主要是自身原因，他是一个时代落伍者。反方：孔乙己悲剧主要是社会原因，时代扼杀了孔乙己。请把辩题和你的辩词发到网络上的公共论坛发起讨论。

第三课时

（1）对学生进行纸笔测试评价，内容包括《孔乙己》及拓展阅读。

（2）文章主题辩论：是谁杀死了孔乙己？

（3）布置作业：通过纸质书或者电子书阅读鲁迅《示众》、茨威格《旧书商门德尔》、加缪《局外人》。要求：学生在2周内阅读这3部作品。2周后由3个项目化小组对这3篇作品进行分享交流。每个小组以《孔乙己》及拓展阅读的作品为内容，自选一个角度，确定一个主题内容做手抄报。一个小组负责《孔乙己》课本剧表演任务。

（二）公开成果环节

教师利用一节课组织学生进行《孔乙己》及拓展阅读成果分享交流会。

1. 由三个项目化小组（全班有 8 个项目化小组，学生报名，教师挑选确定）对这三部作品进行分享交流，要求要有结合课文《孔乙己》进行对比分析的内容。

2.《孔乙己》及拓展阅读的手抄报展示。学生对手抄报成果进行表现性评价并反馈。

3. 课本剧《孔乙己》表演。一个项目化小组负责孔乙己课本剧表演任务，其他各小组进行表现性评价反馈。

4. 提倡学生在交流过程中大胆提出疑惑的问题供大家讨论。

（三）《孔乙己》及拓展阅读项目化教学实践总结反思

该项目化教学基于初中语文统编教材的核心知识，教学目标明确，根据学情搭建学习支架，设置驱动性问题。项目化学习按照入项活动、知识能力建构、探索形成成果、评论与修订、公开成果、反思与迁移这六个阶段进行。学生经历了有意义的学习实践过程，提升了在复杂情境中的语文学习实践能力，切实提高语文学习素养。

通过实践，我们认识到存在值得去观察反思的方面。首先，教师在实施过程中有些地方不敢放手让学生自主发挥，教师主导作用是体现了，但是学生主体性是否还可以进一步发挥？其次，教师有对学生学习的评价，但评价是否体现多元性？是否还可以让家长对学生学习进行评价？具体的评价量表设置是否合理？是否还可以把更多微视频、微信公众号、微电影等媒介与语文教学相结合？在跨媒介学习过程中要如何坚守语文学习阵地，从语文学习的角度审视项目化学习？

三、基于跨媒介阅读的项目化学习策略

（一）了解不同媒介表达特点，培养语言运用能力

在教育之中主要的媒介有口语媒介、文字媒介、电视媒介、互联网媒介等，这些媒介对人们的社会生活产生了深刻影响。"任何教育活动，都是教师和学生在特定的时空条件下，结合具体主体、内容、任务或活动而展开的连贯性、整体性的社会文化实践。"语文教育可在不同媒介下，发挥各种媒介的支持作用，拓展学生语文学习空间，提高学生的语言运用能力。

口语媒介能营造真实的媒介环境。虽然新媒体新媒介不断涌现，但是口语在人类生活中占据重要的地位。人们通过口语信息交流是即时的双向互动。语文课堂中，师生在真实情境中时刻进行双向的信息交流。师生内在思想是通过口语进行表达的，同时也通过语音语调来表达丰富情感。

文字媒介是人们日常生活中极其重要的媒介，比口语媒介更加理性抽象、冷静严肃。文字能表明态度、陈述客观事实、明确观点。学生在阅读文字过程中发展理性思维和逻辑思维，还可通过文字跨越时空获取信息，如阅读不同时代不同国家的作家作品，感受其精神文化魅力。学生通过文字写作表达自己的情感、观点、态度等，语言运用中的文字表达尤其重要。

电视媒介为人们提供了身临其境的环境。学生可以通过电视开拓视野，发展兴趣，了解更多精彩资讯，但是电视偏向于娱乐性节目，中学生应当有选择地观看有益身心健康的电视节目。

互联网媒介是个性化的媒介环境。互联网是交互式媒介环境，人们可以通过互联网与传播者交流对话。App 客户端可以通过大数据技术分析用户点击内容和频率了解用户的需求和兴趣，推送符合其偏好的信息。ChatGPT 的出现将是一场智力的革命，这可能会改变教育的

形态，但是不可能改变教育"传道、授业、解惑"的本质。语文学习中个性化学习、智能精准推送将成为可能。

在语文项目化学习中师生可以合理利用不同媒介，拓展语文学习的时间空间，让学生在生活实践中培养语言运用能力。

（二）立足课堂开展教学，借跨媒介阅读辅助学习

语文课堂教学主要是结合文本的教学，但是随着信息技术的使用，越来越多教师借助跨媒介提高学生的语文能力。希沃等教学辅助工具的广泛使用促进了跨媒介助力语文教学。语文项目化学习阅读需要搜集相关文本、视频等资料，我们通过网络可以查找使用多种媒介为语文教学服务。例如，在教授《林教头风雪山神庙》时，教师可以让学生通过跨媒介阅读对比其中某一片段在小说、评书、戏剧、电影等不同形式中语言叙事上不同的特点，使学生开阔视野并对不同媒介特点有所认识。又如，要教学生如何描写声音，可以设计一个学习项目：据清代方扶南《李长吉诗集批注》所言"白诗足以移人，韩诗足以惊人，李诗足以泣贵鬼"，将《琵琶行》《听颖师弹琴》《李凭箜篌引》设计成一个小学习项目，师生借助跨媒介让学生进入音乐情境，更深刻地认识到三首诗是如何表现音乐、表现情感的。还可以让学生听一段乐曲，写一段文字描绘乐曲的美与情。

（三）整合多种媒介资源，开展跨媒介读写活动

在学习过程中将各种资源互参互证互比，进行跨媒介读写活动，可以提高学生的语文学习能力。跨媒介阅读不仅限于文本，还有影视作品、电子文本等，让学生学会"探究语言文字在不同媒介中的时间以及在事件中呈现的特征与规律"，学生接触多种传播形式，感悟并学习用不同媒介表达同一内容的独特形式。

项目化学习中整合多种媒介资源，可以带动阅读并开展跨媒介读写活动。传统读写活动表达方式是文字成篇表达，跨媒介表达可以是文字、声音、视频等形式，可以是片段也可以成篇，更多的是根据实际需求而写作。比如，学生观看完影视作品，可以在线上论坛发表观点——这是片段式跨媒介写作；可以在片段式写作基础上写影评，形成成篇文章，在微信公众号上发表。教师可以通过这些跨媒介语言文字活动，提高学生的读写能力。

（四）采用多种评价方式，从元认知提高语文素养

《普通高中语文课程标准（2017年版2020年修订）》强调"语文课程评价的根本目的在于全面提高学生的语文学科核心素养"，学习过程中的评价会起到诊断和督促作用。在项目化学习过程中，教师根据学生在学习过程中的表现及时评价诊断反馈。评价是动态地随着学习活动展开的，有助于促进学生元认知能力提升，让学生在自我修正中提高语文素养。

在语文项目化学习实践过程中，教师是引导者，学生是学习的主体。学生在项目化学习过程中的表现及语文学科能力提升程度都应该是评价的内容。评价方式可以为学生自评、学生互评、教师评价、家长评价等多角度评价方式。文化自信、语言运用、思维能力、审美创造为评价内容提供了很好的维度。"新课程视野下的课堂评价观，即确立评价主体与客体的多向互动性关系，还学生以评价的机会、评价的权利及通过评价反思和发展的权利。"（覃兵，2010）在跨媒介视域下，语文学科与技术结合，学生利用技术更好地进行语文学习，在学习过程中充分发挥主体作用，从而提高语文素养。跨媒介阅读不仅能提高学生的阅读能力、批判思维和创造力，还能帮助学生更好地适应信息化时代的需要。教师通过语文项目化学习培养学生的跨媒介阅读能力，帮助学生更好地掌握和使用不同媒介形式的信息；在项目化学习中提高学生语文核心素养；引导学生在正确思想观念指导下，灵活运用语文知识、能力与方法认识问题、分析问题、解决问题。

活动类单元教学：统编高中语文教学策略运用

统编高中语文教师教学用书"教材的总体框架及栏目设置"中指出教材的单元有阅读与写作为主的单元和以语文综合实践活动为主的单元。以语文综合实践类活动为主的单元也被称为活动类单元，分布在必修上册、必修下册和选择性必修上册教材中，共4个单元。其中，"家乡文化生活"单元对实践活动的要求最高，无法完全依靠课堂完成单元目标。"家乡文化生活"单元属于新课标提出的18个学习任务群中的"当代文化参与"任务群，"以参与性、体验性、探究性的语文学习活动为主"，要能深入社区进行采访、调查，强调了真实社会情境中的语文学习，具有很强的综合性和实践性。

在实际教学中，因与纸笔测试结果关联不紧，又碍于课时紧张等因素，这一单元的教学活动容易被删减，或者流于形式。教师或将这一单元直接略过，或是安排学生自愿组成小组介绍感兴趣的一类家乡文化，用课件或是短视频的形式在课堂展示成果。从课标对"当代文化参与"任务群的目标定位来看，增加对家乡的了解不是最主要的学习目标，而是利用"家乡文化生活"这一情境来"学习剖析、评价文化现象"。单元要求学生能通过访谈、调查等方式，撰写家乡人物（风物）志、家乡文化调查研究报告和建议书。显然，简单展示家乡文化并未能落实单元目标。笔者认为，这一活动单元的教学设计要从小处着眼选题，贯穿单元任务，并细化任务要求，关联整合其他教学活动，发挥教师在活动课中的引导作用，才能更好地完成学习任务，落实单元目标。

一、小处选题，贯穿任务

家乡文化的内容很丰富，选题对学生来说就是一个挑战。如何从纷繁复杂的家乡文化中选择合适开展活动的主题，需要学生对家乡文化有一定的了解，对活动开展的要求有一定认知。盲目选题会给活动开展带来很多不必要的困难。为了保障单元核心学习任务的完成，可以在选题上给予学生一定的指导，让不同程度的学生都能参与到学习任务中。《聚焦·融合·反思：走向深度当代文化参与——以"家乡文化生活"单元教学为例》一文指出："需要于多元家乡文化中聚焦特定的文化现象，为学生参与、探究提供明确的对象，为学生提供相应的驱动任务，解决学生活动'无序化'，即无目的、无任务和无规划的问题。"聚焦校园周边地区的文化现象无疑是比较便利的选择。北京市西城区教育研究学院教研员王忠亚提出活动单元教学资源适切性的原则，"活动单元的学习要结合所在地的文化资源，要依托学校的环境及教学条件"。在校园周边开展活动拥有地理上的便利，而且校园周边人、事、物对学生来说也相对熟悉，便于开展活动。

教材为本单元学习设计了三项学习任务："记录家乡的人和物""家乡文化生活现状调查"和"参与家乡文化建设"。这三项学习任务之间有明显的逻辑推进关系。如果将之拆分为三项互不关联的活动，比如，记录家乡的古建筑、调查家乡的美食文化，为家乡社区邻里建设提建议三项活动，不仅会破坏任务间的关联性，也无形中大大增加了学生的完成难度。所以，本单元活动在选题上可以考虑校园周边学生们都比较熟悉的特色文化，以此为基点设计序列化学习任务，层层推进，可以避免学生无从下手、敷衍了事的情况发生，以取得事半功倍的效果。

福建省福州第四中学所在的福州大庙山，拥有深厚的历史底蕴，是历史上福州市民重阳节登高的主要去处。旧时福州市民在这一天扶老携幼上山踩登高石、放风筝、吃九重粿、品菊花茶。校园内至今还保留登高石、登高亭等景观。学校依托这一历史渊源和文化景观，开展了多届重阳登高文化节活动。学生们学习过王维的《九月九日忆山东兄弟》，对重阳这一民俗节日应该并不陌生。但是现代快节奏的生活环境中，重阳节的民俗活动减少了，节日氛围也不如历史上那么浓厚，学生的认知也不深刻，有采访和调查的空间。而对于高一新生来说，了解学校与重阳民俗的关系也能增进对学校的认同感。所以单元活动主题就取材家乡重阳民俗，参考单元三项学习任务设计"大庙登高处重阳民俗游"主题活动。设计任务情境：学校即将举办重阳民俗文化节，需要布置展板，开展游园活动和编排节目。请同学们了解福州的重阳传统民俗，调查现代生活中的过节方式，为活动开展提供素材和思路，完成一份活动建议书。活动任务单如下：

"大庙登高地，重阳民俗游"主题活动任务单

	教材要求	具体实施	成果展示
任务一	记录家乡的人和物	选择合适的采访对象开展访谈，记录福州重阳的民俗，撰写福州重阳民俗志。	采访短视频和民俗志
任务二	家乡文化生活现状调查	调查福州重阳节民俗传承现状，了解当下福州市民对重阳习俗的了解以及过节方式。	课件或调查报告
任务三	参与家乡文化建设	请同学们综合对重阳民俗的了解和现状的认知，选择一个角度（展板设计、游园活动或者演出节目）提出建议，撰写建议书。	建议书

这项活动在思维认知上是逐层递进的。通过第一项学习活动，学生对福州重阳民俗会有一定的了解。在此基础上，学生才能更好地设置调查问卷的提问和选项，否则选项无从谈起。而同理，要撰写建议书也必然是要在详细的了解基础上才有"议"可提。从小处着眼，从校园周边学生熟悉的文化内容中进行选题，围绕一个选题设计情境贯穿任务，可以更好地保障活动开展，落实单元教学目标。

二、预设困难，搭建支架

不同于传统课堂阅读教学，本单元的学习活动强调在真实的生活情境中开展，活动过程的不可控因素增加，学生也会面对比课堂学习更加复杂的问题。教师需要预设学生可能面临的问题或困难，在活动设计中适当规避或者提供支架，予以支持和指导。比如学生要进行访谈，就会面临如何选择和联系采访对象的问题。相关领域的权威专家，学生很难取得联系。而身边普通人不能提供足够撰写"志"的有效信息。这一问题可以在选题上进行适当地规避。相较于地方的古建筑、非遗来说，民俗的了解人群更加庞大，普通人群也拥有一定话语权。笔者也由此确定本单元民俗文化的选题。在学生们容易接触的普通人中，如何选择有采访价值的采访对象？针对人物身份设计怎样的采访内容更适合？如何与采访对象沟通？笔者设计了学习提示单如下表，提供采访对象和采访问题的案例参考，并让学生进一步补充，帮助学生拓宽思路，完善自己的访谈提纲。

"针对采访对象身份设计访谈问题"学习提示单

	对象身份	访谈问题	补充问题
人物1	社区工作人员	社区重阳节开展哪些活动？群众对哪些活动更感兴趣？	
人物2	特色美食老字号老板	店铺售卖的重阳特色美食有哪些品种？近年销量如何？	
人物3	周边老住户	以往重阳节有哪些民俗活动？有过大庙山重阳节登高经历吗？	
人物4			

此外，学生采访中，也可能会面临被拒绝或者采访者"言之无物"的情况，也应当给与学生一些采访沟通技巧和话题引导技巧的指导。教育专家龙祖胜指出，"要充分利用学生在学习过程中提出的问题和

出现的典型错误，基于学生的问题和错误，生成新的学习内容"。活动类单元必然会出现各种新问题，应该及时进行反思、总结，提出新的应对方案，给学生搭建问题处理支架，以便开展新一轮的活动。

　　学生还会遇到风物志撰写、建议书写作等语文知识性方面的难题。教材中提供了调查报告结构表，还可以提供风物志、建议书撰写的知识支架，让学生明确风物志的内容构成、语言风格特点，建议书的格式等知识，再提供相关范文资源供学生课后学习、模仿。

三、细化任务，量化评价

　　如今网络资源丰富，AI写作日渐成熟，福州重阳民俗的文字介绍在网络轻而易举就能获取，不免会有学生借此应付了事。为了确保活动真实、有效开展，必须细化任务要求。比如第一项学习任务中，提出如下具体要求：第一，提交采访记录表，写清采访人员、采访地点和采访问题（不少于4个）。第二，为采访制作一个短视频，视频内容包含简单采访说明（采访对象介绍、采访预期目标）、采访过程远景以及全体组员与采访对象大合影。第三，风俗志的编写中，要求内容上能对应访谈提纲，突出访谈中获得的个性化信息。

　　"志"作为一种特殊文体，在写作内容和语言风格上都有一定的写作规范。比如，风俗志的内容一般包括历史渊源、民俗活动、民俗特色和现状。作为一种介绍性文字，"志"的语言要准确平实。但是教材这一任务情境中的"志"的编写，也应当强调与访谈内容的关联性。活动类单元中的写作应当也有别于阅读与写作单元中的写作。一是从课标要求来看，"当代文化参与"任务群更强调学生调查访问能力的培养。采访的重要性要高于"志"的编写。另外，对于普通学生来说，通过访谈来补充网络上缺失的对某一常见的家乡人物或风物的认知，是十分困难的。学生的采访资源毕竟有限，名人后裔，专家匠人，很难能够直接接触。即使获得采访机会，也难有独家信息。重阳民俗志编写中,鼓励学生将访谈中获得的一些个性化的信息和语言加入其中。比如，老人们小时候重阳登大庙山时具体的心理活动等，也鼓励学生将之转化为平实的说明性文字，写入重阳风俗志中。

除了细化任务要求，还应配套相应的评价措施。"与新的学习方式相适应的评价没有及时跟进，活动单元的教学必然会陷入两难的困境"。"大庙登高地　重阳民俗游"主题活动设置班级奖项，鼓励学生参与。利用公众号投票，推选最优建议书。优秀建议书呈送学校德育处，作为下一年学校活动参考，优秀小组组员在期末总评中加分。同时，三项具体任务分别设计相应的评价量表，帮助学生进一步明确活动过程要求，监控学生过程表现。任务一的民俗访谈和民俗志撰写评价量表设计如下：

福州重阳民俗访谈和民俗志撰写评价量表

评价项目		评价指标	自评	他评	师评
访谈	分工	组员分工明确（联系采访、编写访谈提纲、现场采访、拍摄剪辑视频等），各有任务。（10分）			
	提纲	问题设计合理，符合受访者身份。至少准备4个问题。（20分）			
	过程	谦虚有礼，能有效推进提问。（10分）			
	成果	访谈视频符合要求，要素齐全。（20分）			
民俗志写作		写清福州重阳登高民俗的特点。（10分）			
		与访谈内容有关联，能体现访谈成果。（20分）			
		语言准确、平实。（10分）			
合计		100分			

四、关联整合，深化认知

"家乡文化生活"单元教学有限定的课时，但单元学习还可以在校内外的其他学习活动中延续，与校内外的其他学习活动建立关联或者相互整合，从而让学习成果得到巩固和进一步丰富。比如，学校的研究性学习活动。可以让学生在研究性学习活动中继续完善"家乡文化生活"单元的调查研究。单元中第二项学习任务"家乡文化生活调查"，教材要求可以写调查报告，也可以制作演示文稿。单元学习中，如果迫于课时压力不能完成调查报告的撰写要求，可以利用研究性学习课程继续完善。此外，还可以通过开设家乡主题的选修课来丰富学生对家乡的了解，弥补单元活动选题切口小的遗憾。

在高三阶段，可以将地方重阳诗词融入古诗词复习的课程中。如，许友的《九日登越王台有感》就是一首大庙山重阳登高题材的诗歌。诗中既有传统的重阳节意象"茱萸"和"酒"，同时还包含"鹧鸪""黍离"等意象。"鹧鸪"和"黍离"意象见于高考必背篇目《菩萨蛮·书江西造口壁》和《扬州慢》的小序。这样的诗词品鉴既是高一"家乡文化生活"学习活动的延伸与拓展，又是呼应课内所学知识。在家乡诗词品鉴中运用课内知识，在知识的复习中体悟家乡文化。

作为活动类单元，"家乡文化生活"单元要求学生深入真实生活中进行语文学习。教师的教学策略要适当转变，"从关注'教的活动'转向促成'学的活动'设计相关课程与活动，引领学生在体验中获得知识、建构体系、获取能力"。单元学习的空间延伸到课外，不可控的因素增加，教学监管的难度也增加了。在反复的实践过程中，还需不断打磨设计，不断优化设计细节，而活动中不可避免的意外的应对也正是活动类单元教学真正意义所在。

参考文献

［1］中华人民共和国教育部．普通高中语文课程标准（2017年版2020年修订）[S].北京：人民教育出版社，2020.

［2］林燕．聚焦·融合·反思：走向深度当代文化参与——以"家乡文化生活"单元教学为例 [J].语文月刊，2024，(1)：34—38.

［3］王忠亚．统编高中语文教材活动单元教学的基本原则 [J].语文教学通讯，2024，(9)：15—18.

［4］龙祖胜，梁莉．基于学习任务群的教学如何避免"去教师化"——以"家乡文化生活"单元教学为例 [J].语文建设，2021，(15)：24—28.

［5］胡根林．以表现性评价引导语文实践活动落地生根——对"家乡文化生活"单元教材内容教学化的思考 [J].语文建设，2020，(21)：8—12.

［6］方青稚，周凌主编．高中语文学习任务群教学设计 任务3 当代文化参与 [M].杭州：浙江教育出版社，2017.

精准教学体系：在单元统整教学中的认识运用

美国教育学者罗伯特·J.马扎诺在其研制的"新教育目标分类学"中提出了"精准教学"这一全新的体系，对统编中学语文教材单元统整教学具有极大的指导意义。基于这一体系，教师可以更为精准理解目标，编制单元统整教学目标量规，科学、合理地实施教学，指引学生精准达成教学预期效果，减轻学习负担。

一、马扎诺的"精准教学体系"

以罗伯特·J.马扎诺为首席的研究团队，在布鲁姆教育目标分类学以及比格斯的"可观察的学习结果 SOLO 分类法"基础上，提出将人的认知活动、心理动力和知识基础联系在一起，对教育学目标进行更为精细化的分类。这一分类在学界被称为"教育目标的新分类学"，由此建构的教学体系称为"精准教学体系"。这一体系主张充分理解目标，并对目标实行清晰分类，在教学实践中具有极强的操作性。

（一）"教育目标新分类学"简介

华南师范大学课程教材研究所所长高凌飚教授在为《教育目标新分类学》作译序时，对马扎诺博士的"教育目标的新分类学"给予高度评价：既不是对布鲁姆分类法的简单修正，也不完全是基于某种理论的重新架构。作为一种后来的、新近的分类法，它综合了心理学的最新研究成果并提出了自己的假设，有着鲜明的特点。

该分类法的首要特点在于提出了一个崭新的学习过程模型。马扎诺提出：人的学习过程涉及三个主要的系统，即自我系统、元认知系统和认知系统。学生面对一个新的学习任务的时候，首先由自我系统来判断任务的意义并决定投入的程度，也就是学习的动机问题。在解决了动机问题并决定投入学习之后，学习者会依据已建立起来的元认知系统决定学习的目标、方式和策略，然后运用认知系统中存储的具体认知技能去经历认知过程并完成学习任务。

可见，任何一个学习活动，都不是教师单方面简单"传授"，也不是对学习内容的机械获取，而是要涉及已有的知识体系，在充分理解目标的基础上，经由展开的学习过程，抵达预设的目标。学习的成效基于三类不同的知识：学生已有的知识储备、学生在成长中形成的心智程序、学生在学习过程中的心理动作程序。在整个学习过程中，这三个系统不断相互作用，学习者才能获得相应的学习结果。

（二）"二维评价体系"的架构

基于这样的分类，美国教育学院马扎诺提出了"二维评价体系"。这一体系由两个维度架构而成。

第一个维度是知识。包含三个领域、六类知识：信息（细节、事理），心智程序（技能、流程），心理动作程序（技能、流程）。从知识维度我们发现，学习水平不仅因学习内容本身或者认知操作的复杂程度而变，还因学习者对相关内容的熟悉程度而变。相对复杂的内容，可因学习者熟悉而变得容易；反过来，相对简单的内容，可因学习者不熟悉而变得困难。可见，更频繁、科学地参与学习，不但能获得相应的学习结果，还能增强学习动机，更新元认知，发展心智，这也就是"越学习越爱学习，越容易学会"的道理。

第二个维度是思维（心智过程）。包括三个系统、六种运作，详见下表。其中，"提取"涉及的回想和执行；"理解"涉及综合与表征，是对知识的整合与符号化；"分析"涉及比较、分类、概括、差错分析等；"知识应用"涉及决策、问题解决、试验探究、调查研究等。元认知系统包括目标设定、过程监控以及清晰和准确程度的监控。自我系统包括重要性检查、效能感检查、情绪反应检查和动机检查。

思维维度表

思维系统	加工层次	相关过程
认知系统	层次1：提取	回想、执行
	层次2：理解	综合、表征
	层次3：分析	比较分类、错误分析、概括具体化
	层次4：知识运用	决策、问题解决、实验探究、调查研究
元认知系统	层次5：元认知系统	目标设定、过程监控、监控清晰度、监控精确度
自我系统	层次6：自我系统	检验重要性、检验效能、检验情感反应、检验动机

（三）"精准教学体系"的确立

将马扎诺思维系统纳入评价体系后发现，在教－学－评一体化的统筹下，基本能囊括学校教学所要达到的方方面面的目标，任何一个具体的学习目标，都可以在这一框架中找到合适的位置。基于此，马扎诺博士了"精准教学体系"——学习中的目标、过程、结果这3个方面，都是可以事先设定、精准定位、随时评估的。教什么？教到什么程度？教得怎么样？这些思考不再停留在意识层面，而是可以通过精准的教学予以实施，让学生在学习中真正受益。

二、统编版高中语文教材单元统整构想

（一）认识教材的编撰系统

创新教材体系设计，以人文主题和学习任务群双线组织单元。

首先，教材以人文主题为线索，按照课程标准中学习任务群的设计思路，选择学习内容，确定学习要求，创新体系设计，整体结构全套教材的框架体系。教材以新时代高中学生应具有的"理想信念""文

化传承""责任担当"作为隐性的精神主线，分解出若干人文主题，作为单元组合和内容选择的重要依据，发挥语文教材的铸魂培元作用。这些人文主题与选文内容或文本特征有关，体现国家和民族的基本价值观，既贴近学生生活，可以使学生感到亲切、有趣味，有利于激发他们学习语文的欲望，提高学习的效率。将选文与学生个体关切、社会重要发展关联起来，有利于落实立德树人根本任务。教材涉及的主题有青春激扬、劳动光荣、诗意人生、使命与抱负、责任与担当、良知与悲悯、伟大的复兴等。教材通过相关的栏目设计，如"单元导语""学习提示""单元学习任务"等，对人文主题做出明确阐发。例如必修下册第七单元"单元导语"第一段，具体阐发"责任与担当"的内涵及其价值。

其次，教材以语文课程标准规定的学习任务群及其学分设定为基本依据，在必修和选择性必修阶段设计 28 个学习单元（必修上、下册各 8 个单元；选择性必修上、中、下册各 4 个单元），具体落实语文工具性的要求。有三个方面需要说明：

第一，教材根据不同学习任务群的特质和要求，采取两种不同的思路来设计单元：一类是以读写为主的单元，围绕人文主题与核心任务精选各类文本，以课文或整本书的阅读为基础，精心设计学习任务，融合阅读与鉴赏、表达与交流、梳理与探究，将学生引向深度阅读、深度写作，从而提升学生的语文核心素养。另一类是以语文综合实践为主的单元，不设传统意义上的课文，以一体化设计的学习活动为核心，带动相关资源的学习以及贴近生活情境的实践活动的开展。这一类包括 4 个单元，涵盖"当代文化参与""跨媒介阅读与交流""语言积累、梳理与探究"等实践性、活动性较强的学习任务群。

第二，教材以课程标准规定的学分为参考，给定不同学习任务群的课时比例，从而确定各学习任务群对应的单元数。根据现行高中的课时数测算下来，每0.5个学分大致对应9课时，设计为一个单元。因而，有些学习任务群只设计了一个单元，如"当代文化参与"，对应必修上册第四单元"家乡文化生活"；"跨媒介阅读与交流"，对应必修下册第四单元"信息时代的语文生活"；有的则设计了2—5个单元，如"文学阅读与写作"学习任务群，分别对应必修上册第一、第二、第七和必修下册第二、第五单元。例外的是，在必修阶段，"实用性阅读与交流"1.5学分，但因其涉及的类型多，教材酌情安排了4个单元；"语言积累、梳理与探究"1学分，教材安排了1个集中单元，其他单元穿插安排了相应学习内容。

第三，学习任务群涉及的基本语篇类型多样，不再以文体设界。因而，教材的单元组合也打破了文体的限制，以人文主题组元，将多种体裁的文本组合在一个单元中，根据学习任务群的目标要求设计学习重点。像"思辨性阅读与表达"学习任务群所涉及的思辨性文本，虽以议论性文章为主，但诗歌、散文、小说、随笔等文体的文章也可以有很强的思辨性，因而，本学习任务群所对应的3个单元均为多种文体的组合。比如必修上册第六单元第13课，将黑塞的《读书：目的和前提》与王佐良的《上图书馆》这两篇随笔组合在一起，前者以议论为主，后者以记叙为主，都表达了对图书馆的礼赞和读书价值的思考，具有很强的思辨性。

（二）单元统整教学构想

统整，是"统"和"整"的组合词。统，就是总括、统合；整，就是处理、整理。单元统整教学，就是对整个单元的学习目标、内容、方法、过程等，进行统合、规划，并充分考虑教师、学生、学习这三方因素，科学实施教学，促成目标抵达。单元统整后的教学，既把握"内容线"，确保学生"学到"；同时注重落实"语文要素"，确保学生"学会"；并将二者融合在科学安排的单元教学过程中，促进学生"会学"。

统编版高中语文教材为这样的构想提供了基础保障。总主编温儒敏教授说："新教材提倡的是以学习任务群为中心的大单元教学，要先明确单元所承担的任务是什么，然后以任务来带动整个单元的教学。教材中的单元学习任务不是课后练习，而是设计这个单元教学的依据，也是学生用以整合单元课文阅读与写作的抓手。"可见，统编教材是适合进行统整式教学的。

从宏观层面看，统整教学是教学改革的发展趋势。《普通高中语文课程标准（2017 年版 2020 年修订）》明确提出，"语文学习任务群追求语言、知识、技能和思想情感、文化修养等多方面、多层次目标发展的综合效应，而不是学科知识逐'点'解析、学科技能逐项训练的简单线性排列和连接"。中小学语文教学的"标准"，也将以"任务群"的方式重新规划和设计。在此背景下，单元统整教学将成为一线教学实践中最能体现"学习任务群"主旨的新教学样态。可见，统整式教学为教师必须关注与执行的教学变革。

学术界对教学的重新审视、改良与建设，也为单元统整教学提供了理论支撑。美国学者格兰特·威金斯与杰伊·麦克泰提出"追求理解的逆向设计"，逆向设计下教学活动的操作流程为"WHERETO"："W"即为明确教学目标，提示教师需要从学生学习的角度去思考，如何依据目标开展教学活动。之后的分别为：H——激发学习兴趣，E——逐步探究主题，R——反思学习过程，E——展评学习所得，T——设计多元风格，O——组织教学活动。"WHERETO"构成了一个从"理解目标——抵达目标"的学习闭环。将"追求理解的逆向设计"运用于高中语文单元教学，即可明确"单元统整"的基本格调——围绕着单元教学目标这一"大概念"，充分展开学习，在全过程中通过评价予以辅助与纠偏，让学习始终朝着目标进发，直至抵达。

基于以上思考，我们对单元统整教学的流程框架设想为五个环节：

（1）整体阅读单元内容；（2）编制教学目标量规；（3）按照量规落实教学；（4）依据量规检查效果；（5）成果展示与巩固。在其中的第三、四两个环节，同步嵌入评价，对教学阶段成果进行评估。如抵达，则继续推进；如未抵达，则进行缺学补教。这样的统整式教学，解除了教师个人经验的钳制，减掉了学生无须承受的负担，确保学习抵达预期的目标。而且，有效地避免在每一篇上平均用力，区分精读与略读两类课型，教学中凸显对能力的提升训练，实现弹性、高效教学。一切的努力就是为了目标的抵达。

显而易见的是，我们构想的单元统整教学，其中的第二环节"编制教学目标量规"是成败关键：第一环节"阅读"，为了理解目标，准备教学；之后的第三、四环节，围绕目标进行；第五环节"成果展示与巩固"，印证目标。

三、"精准教学体系"在单元统整教学中的运用

单元统整教学，既是一种教学设计，也是一种教学理念。这一理念和设计，特别是最关键的环节"编制教学目标量规"，依据的就是马扎诺的"精准教学体系"。

（一）理解教学目标

科学编制教学目标量规，首先必须理解教学目标。对"理解"，格兰特·威金斯与杰伊·麦克泰在《理解为先单元教学设计实例》一书中有两个界定："一是'意义建构活动'，即学生能够主动建构新知与旧知之间的联系，利用已知内容从新信息中创生意义，通过推断和联系获得深层次的理解；二是'学习迁移活动'，即学生能够将理解、知识和技能有效运用到新的情境之中，并逐渐减少相应的指导或提示，直到完全不需要他人的扶持。"可见，对于单元教学目标的理解，不是原先笼统意义上的"一读就懂"，而是能"清晰分解，清楚认知，

让目标经过解释、建构、加工后，能关联新旧知识，将所学的知识与技能有效运用到新的情境之中，并不断向往更为深层次的学习领域"。

统编版高中语文教材的单元教学目标，陈列在单元导读页面。比如，高一第一单元导语第一段自然段是"青春是花样年华。怀着美好的梦想、纯真的感情，带着对自我的认识、对社会的思考和对理想的追求，我们就此迈出人生的重要一步"。第二自热段是"本单元的五首诗歌和两篇小说创作于不同的历史时期，都是对青春的吟唱。作者或感时忧国、抒发情怀，或感悟人生，思考未来，让我们体验到各具特色的文学表达，点燃澎湃的青春激情"。这两段说明本单元人文主题是：青春。第三段自然段是"学习本单元，可以从青春的价值角度思考作品的意蕴，并结合自己的体验，敞开心扉，追寻理想，拥抱未来。要理解诗歌运用意象抒发感情的手法。把握小说叙事和抒情的特点，体会诗歌和小说的独特魅力，学习从语言、形象、情感等不同角度欣赏作品，获得审美体验，尝试写作诗歌"。这是本单元具体落实语文工具性的要求。

（二）编制教学目标量规

1.设定三类目标

理解教学目标之后，就进入"编制教学目标量规"环节。马扎诺"精准教学体系"中的目标有三种类型。

（1）学习目标，指学生在单元学习后需要掌握的知识与技能。统编教材的学习目标设定，参考来源有三处：一是《普通高中语文课程标准》的任务群类别；二是单元导读页面；三是教材中的诸如学习提示、单元学习任务等助学系统。学习目标规约了学生在本单元课程结束时应抵达的程度，完成学习目标需要经历一系列的课堂教学。

（2）基础目标，是指学生达成学习目标的先决条件。设定基础目标时，要考虑三个方面：一是学生能示证对这个目标的理解；二是学生在之前的学习中是否接触、运用过这个技能；三是学生是否经历过类似的学习过程？

（3）复杂认知目标，是指为了帮助学生拓展和深化所学的知识和技能。这一类目标的要求比教科书中设定得更为高级，并不要求每位学生都要抵达。完成复杂认知目标需要更为深刻的思考，学生要能以更复杂多样的方式解决不同的问题。

2.经历三个步骤

目标量规编制总体分为三个步骤：（1）区分目标中的陈述性知识和程序性知识；（2）将目标细分；（3）剖析出学习目标、基础目标、复杂认知目标。

比如，高中语文第一单元教学目标"要理解诗歌运用意象抒发感情的手法。把握小说叙事和抒情的特点，体会诗歌和小说的独特魅力，会诗歌和小说的独特魅力，获得审美体验，尝试写作诗歌"按照三类目标细分与剖析如下：

学习目标可以细分为：（1）理解诗歌运用意象抒发感情的手法；（2）把握小说叙事和抒情的特点；（3）体会诗歌和小说的独特魅力；（4）获得审美体验；（5）尝试写作诗歌。

目标的设定与《普通高中语文课程标准（2017年版2020年修订）》学习任务群5文学阅读与写作要求"引导学生阅读古今中外诗歌、散文、小说、剧本等不同题材的优秀文学作品，使学生在感受形象、品味语言、体验情感的过程中提升文学欣赏能力，并尝试文学写作、撰写评文学评论，借以提高审美鉴赏能力和表达交流能力"相匹配。

基础目标设定，有必要参考每一课的"学习提示"。教材编者在这一重要的"助学系统"中预设了教学意图，为我们理解目标提供了指引。比如，第三课《百合花》《哦，香雪》的课后学习提示，《百合花》是"想想这篇战争题材的小说为何格外让人心动，重点把握小说对人物形象的刻画，体会革命战争年代特有的崇高情操"。《哦，香雪》是"香雪们青春的纯真和质朴，让人感受到生命的美好。阅读时注意欣赏小说清新的笔调，以及洋溢在淡雅文字中的诗情画意"。

复杂认知目标可以细分为三项：（1）体会诗歌和小说的独特魅力；（2）获得审美体验；（3）尝试写作诗歌 尝试创作诗歌，可作为对本单元复杂认知目标的执行。

3.划分表现层级

目标量规是一个层级设定，清楚地说明与具体标准相关的不同层次的知识和技能。按照预期使用目标量规，能够推动课程的实施，并做出合理评价。因此，马扎诺将目标量规形象地比喻为教学的 GPS。借助目标量规，可以发现：学习处于什么位置（能力级别）；要到哪个地方（目标地）；距离目的地还有多远（认知差距）；如何去往（学习路径）；如果发生错误，能否改变（学业测评与反馈），等等。

马扎诺的"精准教学体系"将目标量规分为5个表现层级，（如下表）这样设计有三个优势：其一，当学生的学习情况以量规的形式清晰地呈现层级时，教师和学生对学习目标的理解和表现就有了明确的方向。其二，一个架构完善的量规可以帮助教师更为准确、具有选择性地布置学习任务，取消与目标不相符的项目，不断促进提升。其三，量规也可以作为反馈工具，帮助教师集中精力对个人或班级的表现及时做出反应，打好"补丁"，实现有针对性的提升。

教学目标量规的表现层级

分值	对量规的描述
4.0	除了 3.0 分规定的要求，能对超越课堂上教师所教的内容进行更深入的推新和应用
3.0	能掌握直接教给的信息与过程（简单的或复杂的），没有大的纰漏
2.0	在简单的细节和过程中没有大的纰漏，但比较复杂的观点和过程中，出现了错漏

| 1.0 | 在别人的帮助下，对相对简单和复杂的细节、观点和过程有部分的理解 |
| 0.0 | 即使有帮助，也没有理解知识或表现技能 |

单元统整教学目标量规的设计，对应马扎诺"精准教学体系"的5个层级即可。其中，0.0级就是固定设计为"即使提供帮助，学生也没有成功"；1.0级固定设计为"在帮助下，在2.0级别和3.0级别取得部分成功"；而2.0级，则对应着"基础目标"（包含达成学习标准的基础知识和基本过程）；3.0级对应着"学习目标"（也可以包含部分"复杂认知目标"所涉及的技能）；4.0级对应着"复杂认知目标"（包括加深思维水平的知识和技能，或是在更复杂的内容下，改变标准所适用的背景知识）。这样，结合之前的目标设计，就可以初步绘制目标评价表了。

4. 添加能力层级

最后一步，就是在具体的"学习目标""基础目标""复杂认知目标"描述前，添加马扎诺"精准教学体系"中"思维"维度的"认知系统"四个层级，意在对目标实施更为精准的界定。

"认知系统"能力层级中处于最底层的是"提取"，包含两种基本类型的思维过程：执行和回忆。这些过程本质上是分级存在的。也就是说，为了让学生执行某种程序性知识，首先必须能够进行识别，然后回忆多个方面。在这个思维层面上，不要期望学生能够深入学习知识或者是掌握知识的基本结构。第二层是"理解"，是超出"提取"的高一层级。在这个思维层面上，学生能够整合知识并将知识抽象化，能够识别关键信息和基本信息，排除非关键或非基本的信息。第三层是"分析"，涉及学生对知识的检查，期望产生新的结论，并且可以通过匹配、分类、分析错误、归纳以及说明等活动来实现。最高层级是"知识运用"，包括具体的决策、问题解决、实验探究以及调查研究。

"认知系统"能力层级对应的目标量规

层次分类	二级层次	对应层次目标
层次一：提取	回想	能鉴定或辨别信息的特性，但不需要理解知识的结构或者区分重要与不重要的特性
	执行	能完成一个没有重要错误的步骤，但不需要理解这个步骤是怎样和为什么工作的
层次二：理解	综合	能确定知识的基本结构以及重要的特性
	表征	能鉴定或辨别信息的特性，但不需要理解知识的结构或者区分重要与不重要的特性
层次三：分析	比较	能鉴定知识向关键的相同点和不同点
	分类	能确定与知识相关的上级和下级的类别
	错误分析	在表述或应用知识时能识别错误
	概括	能基于知识建立新的概括性陈述原则
	具体化	能确定知识的具体应用或逻辑结果
层次四：知识应用	决策	能应用知识作出决策或者决策知识的应用
	问题解决	能应用知识解决问题或者解决有关知识的问题
	实验探究	能应用知识产生并检验假设或者是产生并检验有关知识的假设
	调查研究	能应用知识进行调查研究或者是对知识进行调查研究

　　为之前设定的目标添加能力层级，为的是让目标在实现过程中不越位、不遗漏、不偏移。具体有四个步骤：（1）确定目标的分类等级；（2）确定目标的量规水平；（3）整合之前确定的目标；（4）插入具体的思维层级。首先，确定目标中的学习属于哪一层级的思维，之后再确定这一层级思维具体归为哪一类型；最后插入层级指引，让每个层级对应一条目标，整体呈现从"提取"到"知识运用"，即低级目标到高级目标的升级趋势。有时候，处于"基础目标"中的某一条目标，对应的思维层级会出现高级别，这是根据具体的教学情况而定，但总

体趋势不变。

必修上第一单元教学目标评价表

量规等级	学习表现
4.0 复杂认知目标	1. 学生能够体会作品中所表达的青春理想和奋斗精神，激发对生活的热爱和对未来的憧憬 2. 学生能够通过写作或朗诵等形式，表达自己对青春的理解和感悟
3.0 学习目标	1. 学生能够通过自主阅读、小组讨论等方式，深入理解作品的思想内涵 2. 学生能够运用合适的阅读方法，独立鉴赏文学作品
2.0 基础目标	1. 学生能够理解现代诗歌和小说的基本特征，掌握常见的修辞手法和表现手法 2. 学生能够准确朗读课文，体会作品的韵律美和节奏感
1.0	在帮助下，在 2.0 级别和 3.0 级别取得部分成功
0.0	即使提供帮助，学生也没有成功

（三）实施单元统整教学

编制了教学目标量规，单元统整教学的准备工作已完成，接下来进入教学实践环节。下面以统编版高中语文必修上第一单元，阐述单元统整教学的基本规划。

1. 锚定教学目标

统编版高中语文必修上册第一单元以"青春的价值"为主题，选入多篇现代诗歌和小说，旨在培养学生多方面的语文素养。在知识与技能方面，学生需理解现代诗歌和小说的基本特征，掌握常见修辞手法（如比喻、拟人、排比等）和表现手法（如象征、对比等），并能通过朗读体会作品的韵律美和节奏感。在过程与方法上，引导学生运用"素读、参读、确读"等方法，通过自主阅读、小组讨论、写作与朗诵等形式，提升阅读鉴赏能力和语言表达能力。在情感态度与价值观层面，通过学习经典作品，体会其中的青春理想、奋斗精神和对未来的憧憬，激发学生对生活的热爱和对未来的追求，树立正确的价值观和人生观，增强对中华文化的认同感和自豪感。

2.统筹协调

整体观照单元内容，协调单元教学的次序，划定教学的重难点，区分对待。要统筹调度本单元所有的教学资源，根据目标达成需要科学安排，这也是单元统整教学实施中的关键一步。

梳理文章内容与情感脉络。《沁园春·长沙》：毛泽东的这首词展现了青年毛泽东的革命豪情和对国家命运的思考，情感激昂，意象壮美。《立在地球边上放号》：郭沫若的诗歌充满浪漫主义色彩，表达了对自由解放的渴望和对新时代的呼唤。《红烛》：闻一多的诗歌通过"红烛"这一意象，抒发了诗人对祖国的热爱和奉献精神。《百合花》：茹志鹃的短篇小说通过细腻的笔触展现了战争年代的人性之美和青春的无私奉献。《哦，香雪》：铁凝的小说以清新质朴的笔触描绘了农村少女对现代文明的向往和青春的纯真。这些文章虽然文体不同，但都围绕青春的价值展开，情感脉络上既有激昂奋进，也有细腻温柔，共同构成对青春的多元诠释。

3.整合反馈

整体感知与主题探讨：在单元起始课，通过导入（如播放与青春相关的视频、朗诵经典片段等）激发学生兴趣，引导学生整体感知单元主题。组织学生梳理每篇文章的核心内容和情感，形成单元思维导图，帮助学生从宏观上把握单元内容。

文体特征与鉴赏方法：诗歌教学要重点讲解诗歌的意象、修辞和韵律，引导学生通过朗读体会诗歌的情感。例如，《沁园春·长沙》可重点分析意象"万山红遍""漫江碧透"等，体会其象征意义。小说教学要关注人物形象、情节和环境描写。例如，《百合花》可通过对小通讯员和新媳妇的分析，探讨人性之美。采用比较阅读的鉴赏方法，将《沁园春·长沙》与《立在地球边上放号》进行比较，探讨不同诗人对青春理想的表达；将《百合花》与《哦，香雪》进行比较，分析不同年代青春的价值观。

情感体验与价值观引导：通过朗诵、写作、小组讨论等形式，引导学生结合自身经历，表达对青春的理解和感悟。组织主题班会或演讲比赛，围绕"青春的价值"展开讨论，激发学生对青春的热爱和对未来的追求。

单元统整教学过程中，可以通过"随堂问答"进行随机检测，可以通过"小练笔""纸笔测试""完成专题调研"等进行阶段检测。结合检测反馈的结果，调整教学的力度，进行缺学补教，让教学目标得到落实。单元统整后的教学节约了时间，给整理反馈环节留有余地。教学不是越快越好，也不是越细越好，而是目标落实了才好。

单元统整教学充分关注单元中的教学内容，实行科学组合、排序、拆解、变序，该花力气时舍得花力气，可以自学时放得下手、放得了心。整个过程瞄准单元教学中"学习目标"的达成，也尝试部分实现"复杂认知目标"。具体的学习都在各环节教学中分步实现。但在执行中，必定会因教学内容、教师执教能力、学情等因素，遇到意想不到的困难，面临新问题时，需要我们在实践中"做中学"，一边研究一边进步。

《红楼梦》阅读实践：项目化学习与教学应用

统篇版教材总主编温儒敏说："若要学生喜欢上整本书阅读，就不能太多干预，应当导向自由阅读、个性化阅读。如果'课程化'太明显，要求太多，学生还没有读，可能就兴趣减半了。如果搞得很功利，处处指向写作，甚至和考试挂钩，那就更是煞风景，败坏阅读兴味。"摆脱"专家"式的研究学习，提升学生阅读兴趣是完成整本书阅读的关键。项目化学习注重学生的主体性，整本书阅读项目化学习符合《普通高中语文课程标准（2017版）》在"整本书阅读与研讨"中指出的"教师的主要任务是提出专题学习目标，组织学习活动，引导学生深入思考、讨论与交流"。笔者在《红楼梦》整本书阅读教学中，用项目化学习方法，在设计好的任务下，以学生自主学习为中心，更好地落实了整本书阅读与研讨的活动任务。

一、《红楼梦》项目化学习设计背景

（一）学情分析

高中学生的学业负担比较重，许多老师、家长和学生对名著经典和课外阅读持反对态度。他们认为与其花费大量时间阅读，不如把时间花在看教辅书、刷题和做试卷上，这样才能更快地提高成绩。对于《红楼梦》这样人物数量众多、人物关系复杂的名著，很多学生根本没有兴趣读完。即使在老师的要求下进行了阅读，也只是浅层次的阅读，读完后对人物关系还是不太清楚。特别是男生，他们认为读"闺阁佳人的人生百态"这样的内容很无聊。为了激发学生的深度阅读兴趣，利用"项目化学习"以学生为主的特点，多设计学生感兴趣的情境任务。

（二）名著分析

《红楼梦》篇幅长，前 80 回约 61 万字，写了 975 位人物，且文字是半文言的，阅读障碍相对较大。但《红楼梦》作为"艺术化的中国古代社会的文化百科全书"，它通过描绘丰富的人物形象和复杂的情节，反映了现实生活中的许多问题和人性的共通之处。讨论类似的人际关系、情感问题或社会现象，让学生意识到小说中的故事与自己的生活并不遥远。

二、《红楼梦》项目化学习的实践应用

（一）聚焦核心知识，设置开放多元的阅读任务

项目化学习的重点在于核心知识，主张围绕核心知识设置驱动性问题。夏雪梅教授说："项目化学习，是通过问题引发学生对概念的思考和探索。"《红楼梦》是一部艺术化的中国古代社会文化百科全书，内容深广，折射历史，反映社会，书写人生。学生如果能从最使自己感动的故事、人物、场景、语言等方面入手，反复阅读品味，获得审美感悟，丰富自己的精神世界进，而激发他们研读名著的兴趣，就达到了整本书阅读的目的。因此，教师可以围绕"《红楼梦》深刻的思想内涵、高超的艺术表现力和广泛的文化影响"为核心知识，设置"我为什么喜欢读《红楼梦》"为驱动性问题，以此展开项目化学习。

（二）开展项目化活动，促进学生阅读《红楼梦》

1.制订阅读计划：为学生制订一个阅读《红楼梦》的计划，帮助学生按时完成阅读任务。

2.组织讨论小组：将学生分成小组，让他们在小组内讨论《红楼梦》的情节、人物、主题等，可以促进学生之间的交流和互动，加深他们对小说的理解。

3.角色扮演活动：让学生选择《红楼梦》中的一个角色，并进行角色扮演，让学生更好地理解小说中的人物性格和情感。

4.写作任务：要求学生撰写读后感和《红楼梦》研究综述，帮助学生进一步深化对小说的认识，并提高他们的写作能力。

5.艺术创作：鼓励学生通过绘画、音乐、戏剧等艺术形式来表达他们对《红楼梦》的感受和理解，培养学生的创造力和艺术表达能力。

6.影视欣赏：组织学生观看与《红楼梦》相关的电影、电视剧或纪录片，以多种方式呈现小说的情节和主题。

三、项目化学习实施方案

任务一：《红楼梦》整本书阅读研究综述写作

学习支架

1.文献综述简称综述，又称文献回顾，文献分析。是对某一领域，某一专业或某一方面的课题、问题或研究专题搜集大量相关资料，然后通过阅读、分析、归纳、整理当前课题、问题或研究专题的最新进展、学术见解或建议，对其做出综合性介绍和阐述的一种学术论文。

2.开展微型讲堂，讲授文献综述的基本规范。

综述范文：《〈红楼梦〉花草意象研究综述》"喻晓玲、万蕙倩"

3.阅读《红楼梦》整本书阅读研究论文。

詹丹：《作为挑战的〈红楼梦〉整本书阅读》

徐小平：《多元碰撞，读出性灵——以〈红楼梦〉整本书阅读的发生为例》

张佳、高燕：《化繁为简促内驱　提纲挈领探红楼——高中〈红楼梦〉整本书阅读教学简透法研究》

骆何英:《以"三读"活动构建高中语文整本书阅读模式——以〈红楼梦〉整本书阅读为例》

祝凯娜：《整本书阅读视野下的〈红楼梦〉学习支架的搭建》

童志国：《整本书阅读视角下之〈红楼梦〉文本细读探索——以第三回和第四十回中人物描写为例》

张黎明：《从鉴赏人物群像入手——〈红楼梦〉整本书阅读教学谈》

袁夫石：《奇文共赏，疑义相析——高中语文整本书阅读〈乡土中国〉与〈红楼梦〉的"互释"》

学习活动

1. 从 8 篇《红楼梦》整本书阅读研究中自选主题，尝试写一篇 600 字左右的综述短文。

要求：

（1）简练概括论文主要观点。

（2）适当评论。

（3）根据论文情况提出《红楼梦》整本书阅读的建议。

2. 根据《红楼梦》整本书阅读的建议，有计划地阅读名著。

将《红楼梦》整本书阅读研究综述写作作为《红楼梦》项目化学习首个任务，能让学生在阅读整理分析文献资料中全面、深入地理解《红楼梦》的主题、人物、情节、文学技巧，从而对这部经典小说有更深刻的认识。综述写作是统编版高中语文必修下册第七单元课后写作作业，在完成这个任务的过程中，需要对不同的观点和解读进行比较和评价，从而培养学生批判性思维能力和学术研究能力。

任务二：欣赏我最喜欢的《红楼梦》人物

学习支架

1. 带着学生品读第五回出现的人物判词，了解判词形式，领悟判词的配画描述及含义，一起推断人物的命运。在文学作品中，人物形象的塑造往往是作品的核心所在，而判词作为一种独特的文学形式，更是对人物命运的精准"预言"。今天，让我们带着学生一起走进《红楼梦》第五回，深入剖析其中的人物判词，了解判词的形式特点，领悟判词的配画描述及深刻含义，并在此基础上共同推断人物的命运。如要了解判词的基本形式：在《红楼梦》中，判词通常以诗词的形式出现，字数有限，但却寓意丰富。这种形式既考验了作者的文学功底，也使得判词更具神秘感和悬念。通过对判词的解读，我们可以提前预知人物的命运走向，从而更好地理解作品的主题。

2. 创设小组合作支架，共同探讨交流。教师把共同喜欢《红楼梦》中同一个人物的同学分为一个小组，积极交流阅读过程中遇到的问题和疑惑，协力合作解决问题，交流心得体会，完成小组阅读成果展示。

学习活动

1. 在小组合作中，小组成员积极寻找并整理了关于《红楼梦》中各自喜欢的人物信息，深入了解这些人物的姓名、外貌特征、性格特征以及他们的家庭成员和生平经历。每位成员都根据自己的兴趣选择了不同的人物，然后通过各种途径搜集资料，如阅读原著、查阅文献、观看相关视频等。最终整理出一份详尽的报告，向全班同学介绍我们所喜欢的《红楼梦》人物。在这个过程中，同学们不仅锻炼了自己的信息搜集和整理能力，还增进了对《红楼梦》这部经典作品的理解和欣赏。

2. 为了进一步激发同学们对《红楼梦》的兴趣，我们借助了视频这一媒介。以林黛玉为例，我们精心挑选了1987年版《红楼梦》电视连续剧的部分情节，如《林黛玉进贾府》《宝黛共读西厢》《林黛玉葬花》《林黛玉焚稿》等经典片段。通过播放这些视频，同学们能够直观地感受到林黛玉复杂多彩的形象，更加深入地了解她的性格特点和内心世界。同时，这些视频也引发了同学们对《红楼梦》中其他人物的关注和好奇，进一步激发了他们阅读原著的兴趣。

3. 设计"愿做红楼梦中人"这一主题的初衷，就是希望同学们能够更深入地走进《红楼梦》的世界，与书中的人物产生共鸣。通过将自己带入书中的人物角色，同学们可以更加真实地体验书中人物的故事和情感，感受他们的喜怒哀乐。同时，这也是一个锻炼同学们想象力和创造力的好机会。他们可以根据自己的理解和想象，去改写书中人物的命运，为故事增添新的色彩和情节。这样的活动不仅让同学们更加深入地了解了《红楼梦》这部经典作品，还让他们在参与中收获快乐和成长。

通过欣赏最喜欢的《红楼梦》人物，根据自己的感受和阅读体验来观察和思考小说中人物的行为，可以更深入地了解书中人物的性格、动机、行为和情感，提高文学作品的欣赏能力，提升文学素养，并且小说中人物的经历和处事方式可以给学生带来一些人生智慧和启示。

任务三：我从《红楼梦》中领悟到正确的爱情观

学习支架

1. 视频引发爱情的思考

借助《读书》节目中《红楼梦》文学中的经典爱情：不确定的爱，引起学生对爱情的思考。

2. 名家爱情观点

马克思：爱情是基于一定的客观物质条件和共同的生活理想，在各自心中形成的真挚的爱慕，并渴望对方成为终身伴侣的一种最强烈的感觉。

梁若冰：从弗洛姆对真正的爱的描述中就很容易看出不成熟的爱与成熟的爱之间的根本区别：在人们之间的结合和联系中，前者消除个人的个性，而后者保持个人的个性。前者侵犯他人的自律，而后者尊重他人的自律。

3.《红楼梦》中我们可以看到多种类型的爱情，教师可提供分类整理的学习支架。

贾宝玉和林黛玉的爱情：第一回的木石前盟传说，接着到第二十三回：宝黛爱情开端共读《西厢记》警芳心；发展第二十六二十七回：宝黛二人闹别扭，黛玉葬桃花；高潮第三十二回：宝玉挨打；结局第九十八回：宝玉娶宝钗，黛玉焚帕，泪尽而亡。

夏金桂和薛蟠的爱情：第七十九回正式出场，作者称之为"河东狮"，后见于第八十回、八十三回、九十回、九十一回、一百回、一百零三回欲害香菱，反毒自身结束。

贾蔷和龄官的爱情：散见于《红楼梦》第十二回、十六回、十七回、三十回、三十六回，至于集中描写他们之间的关系，主要是第三十回和三十六回。

学习活动

1. 梳理情节，通过对比，概括三段不同感情的特征

人物	人物特点	情感的结局	情感特征
贾宝玉	善良多情、自由叛逆	未能修成正果，宝玉在黛玉去世后出家	真心相爱，悲剧结局
林黛玉	多愁善感 才华横溢		
薛蟠	纨绔子弟、性格暴躁	家犬不宁，夏金桂毒杀香菱时，毒死了自己	利益婚姻，悲剧结局
夏金桂	性格彪悍、对薛蟠呼来喝去、随意打骂		
贾蔷	聪明伶俐、重情重义	脂砚斋批语：有情人终成眷属	真心相爱
龄官	性格孤傲、感情专一		

2. "我从《红楼梦》中领悟到的爱情观"座谈会

正确的爱情观对于个人的幸福和人际关系的质量具有无可替代的重要性。健康的爱情观，能够引导我们走向更加真诚、深厚的感情，使我们在人生的旅途中不再孤单。它不仅仅关乎两个人的相处之道，

更是自我认知、价值观以及人生追求的体现。

拥有正确的爱情观，学生在未来能够学会在相处中保持尊重与理解，相互扶持与鼓励。这样的关系不仅让彼此感受到温暖与关爱，更能够在共同成长的道路上携手前行。正确的爱情观还能帮助学生面对感情中的挑战与困难，以更加成熟、理智的态度去解决问题，从而避免不必要的冲突与误解。同时，正确的爱情观也能够提升学生的幸福感。当学生以积极、乐观的心态去面对感情生活时，学生会发现生活中的美好与幸福其实无处不在。这样的心态不仅能够让其更加珍惜眼前的幸福，更能够激发我们去追求更高层次的情感满足。因此，要引导学生应该树立正确的爱情观，以真诚、善良、尊重和理解为基础去经营我们的感情生活。只有这样，学生才能够收获真正的幸福和满足。

任务四：我向往的《红楼梦》生活美学

学习支架

1.《红楼梦》四十回、五十回插花美学

和谐之美：和谐是《红楼梦》插花艺术的重要特点之一。插花者在选材和构图时，注重花材之间的色彩、形状和质地的协调，使整个作品呈现出一种和谐、统一的美感。

个性之美：《红楼梦》中的插花作品充分体现了插花者的个性和审美趣味。不同的插花者有着不同的风格和特点，他们通过自己的创意和技巧，展现出独特的艺术风格。

2.《红楼梦》四十九回服饰美学

传统文化之美：从服装到饰品，从质地到工艺，从款式到色彩，从着装到情景，全方位展现了中华服饰文明成果。

人物个性之美：《红楼梦》中的人物服饰丰富多彩，作者将自己对服饰方面的独特研究充分表现在小说人物身上，并频繁再现在人物的头饰、款式、衣料、纹样、颜色等方面，既鲜活了人物性格，又展示了中国服饰文化，包罗万象，美妙绝伦，艳丽多姿。

学习活动

1. 绘画、插花创作

在课堂上，我们深入探讨了《红楼梦》这部文学巨著中所有关于插花的描述。那些细腻而富有诗意的文字，不仅展现了古代插花艺术的魅力，也为我们提供了无尽的想象空间。为了将这份美好延续到课外，我们为每位同学布置了一项特别的作业。

作业要求每位同学选择自己喜欢的《红楼梦》中的插花作品，用画笔将其呈现出来。这不仅仅是对原著内容的回顾与理解，更是一次对艺术创作的挑战与尝试。同学们可以充分发挥自己的想象力与创造力，将文字中的美好转化为画布上的色彩与线条。

在创作过程中，同学们还需要为自己设计一款符合个性的插花作品。这要求同学们不仅要对插花艺术有一定的了解，还要能够结合自己的性格特点与审美偏好，创作出独一无二的插花作品。

2. 金陵十二钗现代服装设计

除了绘画、插花创作外，我们还根据《红楼梦》中的金陵十二钗判词以及小说人物形象特点，为每位人物设计了一款现代服装。这是一项既有趣又富有挑战性的任务。

在设计过程中，同学们需要深入了解每位人物的性格特点、身份地位以及时代背景等因素，以便更好地把握设计的方向。同时，同学们还需要考虑现代审美趋势和服装流行元素，将古代与现代巧妙地结合在一起。

完成设计后，同学们还需要说明自己的设计理由。这不仅可以锻炼同学们的表达能力，还可以帮助他们更深入地理解人物形象和服装设计之间的关系。

通过这两项学习活动，同学们不仅能够加深对《红楼梦》这部文学经典的理解与感悟，还能够提升自己的艺术创作能力和审美水平。

四、结语

　　总而言之，《红楼梦》生活美学不仅是文学作品的一部分，更是对人们生活品质和审美追求的一种引导，对于个人的精神追求和文化素养的提升都具有积极的作用。同时，它也为中国传统文化的传承和发展做出了重要贡献。《红楼梦》是中国古代文学的瑰宝，进行整本书阅读可以帮助读者更全面、深入理解这部作品。整本书阅读项目化学习为学生提供了一个深入、全面、富有挑战性的学习体验，培养了阅读技巧、理解能力和批判性思维。更全面地领略其艺术价值和思想内涵，深入了解中国古代社会和文化。同时，也可以从中获得对人生的感悟和启示。

破茧成章：写作教学与个性绽放的双向奔赴

第二部分

写作，是心灵的倾诉，是思想的绽放，更是语文教学中最具挑战性的领域。

本章节探讨写作教学，重点关注如何在陪伴学生心智成长的同时，促进其个性的充分绽放。从个性化作文教学的探索，到真实性写作的融合，我们试图打破写作教学的固有模式，引导学生在写作中表达真实情感与独特思考。

通过对写作思维的深度剖析，尤其是基础教育领域中高中记叙文与议论文写作的实践研究，为学生打开写作的智慧之门。

让学生在文字的世界里自由翱翔，书写属于自己的精彩篇章。

个性化作文：伴心智的成长，促个性的绽放

个性化作文教学不仅是提升学生写作能力的手段，更是促进学生心智成长的重要途径。通过个性化作文教学，教师能够引导学生深入探索自我，激发他们的创造力和独立思考能力。学生在自由表达的过程中，学会观察生活、反思自我，逐渐形成独特的思维方式和价值观。这种教学方式不仅丰富了学生的写作内容，更在潜移默化中促进了他们的心智成熟，帮助他们更好地认识自我、理解世界，为未来的发展打下坚实的基础。

每年高考季，全国各地的作文题目总是迅速成为大众热议的焦点，这也充分凸显了作文在语文教学中的重要性。然而，无论是学生日常的作文练习，还是高考中的作文表现，大多数作品在主题立意、素材选择、语言表达以及篇章布局上都显得极为相似，缺乏个性与创新。

长期以来，写作一直是学生感到棘手的难题。这背后的原因在于，作文教学长期受到应试教育模式的深刻影响，往往只注重培养学生的应试技巧，而忽视了写作的真正价值和乐趣。一旦作文沦为虚假表达的工具，作文教学就会逐渐失去其意义，陷入困境。实际上，写作本应是一种情感的自然流露，就像写日记一样，是学生内心世界的真诚表达，而不应仅仅是一项任务，更不应成为学生肩上的沉重负担。

中学生正处于青春期，这是他们从儿童期向成年期过渡的关键阶段。心理学研究表明，这一时期的学生情感体验丰富，思维逐渐成熟，充满了个性化的想法，并且渴望得到家长和老师的理解与尊重。在写作方面，他们也希望能够摆脱传统的束缚，自由地表达自己的想法，

这种需求随着年龄的增长而愈发强烈。

如果作文教学继续忽视学生的个性，那么学生所写的作文就会像流水线上的产品一样，千篇一律，缺乏真情实感、个性和创新思维。长此以往，学生会对写作失去兴趣，仅仅为了考试而写作，甚至会害怕写作。因此，教师必须重视并开展个性化作文教学，以满足学生的需求，激发他们的写作热情。

一、结合学习情景，改变作文教学方法

著名教育家兼心理学家赞可夫曾强调："唯有当学生情绪高涨，渴望表达自己独特想法时，才能激发出那些丰富多样的思想、情感和词汇，从而创作出充满个性的作文。"

个性化作文的核心目标是引导学生表达内心的真实情感，呈现最本真的文字。写作教学不应仅仅局限于语言表达和组织能力的训练，更要注重培养学生独特的个性，让他们在情绪饱满的状态下，自然地抒发情感。

通常情况下，学生在写作时更多处于"被动写作"的状态，常常东拼西凑，缺乏真情实感。因此，若想提升作文教学质量，激发中学生对写作的兴趣，就必须转变教学方法，将情境创设与活动融入写作教学之中，从而点燃学生的写作热情，让他们从"要我写"转变为"我要写"。

例如，我们可以设计这样一个作文题目：《庄子·逍遥游》中"鲲鹏与斥鴳"的对话，讽刺了那些拒绝崇高目标、甘于平庸、目光短浅且安于现状的人。这不禁让人联想到高三学子在高考前的"喊楼"活动。当时，我们站在楼下，挥舞着手中的标语，发出一连串充满力量的祝福，场面激情澎湃、热血沸腾，声势浩大，震撼人心！然而，我们发现高一、高二的学生身上，很难看到"喊楼"时那种"扶摇直上九万里，绝云气，

负青天"的鲲鹏气势，取而代之的是"蓬间雀"的心态，这让老师们不禁感慨万千。

现在，假设你是一名即将迈入高三的学生，也曾亲身经历过"喊楼"现场，你对此有何感想？请结合 2024 年习近平总书记五四寄语"奋力书写为中国式现代化挺膺担当的青春篇章"的内容，以"莫做蓬间雀，奋斗高三年"为题，写一篇演讲稿。这篇演讲稿将由一名同学在 2025 届高三暑期学习动员大会上宣读。

"文章合为时而著，歌诗合为事而作。"这样的写作素材来源于生活实际，要求学生结合材料与习近平总书记的讲话内容，深入思考，确定自己的立意。这不仅能引导学生结合自身实际，表达真实想法，还能帮助他们进行个人规划，明白"立鸿鹄志，做奋斗者"的重要性。

在实际教学中，教师可以通过以下几种方式来实现这种转变：

1. 情境创设

通过创设生动的情境，让学生身临其境地感受写作的主题。例如，在讨论"鲲鹏与斥鴳"的故事时，教师可以播放一段"高考喊楼"的视频，让学生直观地感受那种激情澎湃的氛围。这种情境的创设能够激发学生的写作灵感，让他们有话可说，有情可抒。

2. 活动设计

组织与写作主题相关的活动，让学生在活动中体验和思考。例如，可以组织一次模拟"高考喊楼"活动，让学生亲自参与其中，感受那种团结奋进的氛围。活动结束后，引导学生分享自己的感受和体会，从而为写作提供丰富的素材。

3. 小组讨论

通过小组讨论的方式，让学生在交流中碰撞思想的火花。在讨论"莫做蓬间雀，奋斗高三年"这一主题时，教师可以引导学生从不同角度思考，如"什么是蓬间雀心态""如何树立鲲鹏之志""如何在高三这一年实现自己的目标"等。小组讨论不仅能够激发学生的思维，还能培养他们的合作能力和表达能力。

4. 个性化指导

教师在教学过程中应关注每个学生的个性差异，给予个性化的指导。对于那些写作基础较弱的学生，教师可以提供更多的写作框架和思路；对于写作能力较强的学生，教师可以鼓励他们尝试更具挑战性的写作方式，如创新体裁或深度主题。

通过这些方法，教师可以帮助学生从被动写作转变为积极主动地表达自己的想法和情感。这样的写作教学不仅能够提升学生的写作能力，还能够培养他们的创造力和独立思考能力，为他们的未来发展奠定坚实的基础。

二、优化写作内容，培养个性化表达

中学生正处于充满活力的青春时期，他们对未来的可能性充满憧憬，因此他们的作文本应是充满灵动与飞扬的。然而，现实情况却是，学生的作文在诸多约束下逐渐失去了个性，内容显得虚假且缺乏新意，大多是拼凑书中的片段而成。许多中学生的作文缺乏生活的气息，甚至存在胡编乱造的情况。

学生们热衷于购买书店里的作文畅销书，他们天真地认为，只要拥有了这些书，就能掌握写好作文的秘诀。但实际上，真正优秀的文章往往追求具有个性的语言风格，这需要作者不断地锤炼和打磨。写作的动力很大程度上来源于阅读，学生若想提升自己的语言表达能力，就必须增加阅读量并积累丰富的素材，这样才能优化写作内容。

海德格尔曾说："语言是人的存在家园。"我们常说"文如其人，人如其文"，文章应该是学生真实人格的体现，能够充分反映他们的想法和情感。因此，个性化作文教学的核心目标是培养学生的自由和个性化的品格。

在个性化作文教学过程中，可以邀请学生参与作文课程的设计，参与评改同学的作文，以此充分调动他们的积极性。例如，当看到学校宣传板上关于"青春勇担当，聚力谱新篇"的内容时，可以鼓励学生设计一道相关的作文题目，或者组织他们交流对青春的理解。通过这样的讨论，学生不仅能够提升自身的素养，还能在思想上得到升华。

为了优化学生的写作内容，教师可以从以下几个方面入手。

1.引导学生关注生活

鼓励学生观察生活中的细节，记录下自己的所见所闻、所思所感。例如，可以布置"一周生活观察日记"任务，让学生记录一周内发生的有趣事情、感人瞬间或生活感悟。

2.加强学生生活体验

组织学生参与各种实践活动，如社区服务、志愿者活动、文化参观等，让他们在实践中感受生活的丰富多彩。例如，可以组织学生参观当地的博物馆、茶文化展览等，然后让他们写一篇关于活动的作文。

3.增加阅读量，积累素材

教师可以定期推荐一些经典文学作品、优秀散文、时事评论等，引导学生广泛阅读。例如，可以推荐《论语》《庄子》《古文观止》《红楼梦》等经典著作，以及《读者》《青年文摘》等杂志。

4.读书笔记

要求学生在阅读过程中做好读书笔记，记录下自己喜欢的句子、段落和感悟。定期组织读书分享会，让学生分享自己的读书心得，互相学习。

5.培养个性化语言风格

语言锤炼：鼓励学生在写作中尝试不同的语言风格，如幽默风趣、庄重严肃、清新自然等。可以通过仿写练习，让学生学习经典作品的语言风格,逐步形成自己的独特风格。

创意写作:布置一些创意写作任务,如写一篇科幻故事、改写经典名著、创作一首诗歌等,激发学生的创造力和想象力。

6. 参与式教学

课程设计:邀请学生参与作文课程的设计,让他们提出自己的想法和建议。例如,可以组织学生讨论"如何设计一个有趣的作文课程",让他们参与课程目标的制定和教学内容的选择。

互评互改:组织学生参与作文的互评互改活动,让他们在评价他人的作文过程中,学习他人的优点,发现自己的不足。例如,可以定期开展"作文互评工作坊",让学生在小组内互相阅读、评价和修改作文。

通过这些方法,教师可以帮助学生从生活中汲取写作素材,提升语言表达能力,培养个性化语言风格,从而写出富有个性和真情实感的作文。这样的写作教学不仅能够激发学生的写作兴趣,还能促进他们的全面发展。

三、提升教师素养,助力个性化作文教学

个性化作文教学对教师的个人修养提出了较高要求。当前高考语文试题的素材广泛,涵盖古今中外的文化、艺术、历史、科技等多个领域,这要求教师必须具备丰富的知识储备和深厚的文化底蕴。只有这样,教师才能在教学中游刃有余,引导学生从多角度思考问题,拓宽写作视野。

(一)尊重学生个性,引导个性化表达

由于中学生往往具有独特的想法和个性化的视角,语文教师需要学会因势利导,尊重并保护学生的个性。当教师能够对文章进行个性化解读时,学生会更容易产生兴趣,从而积极主动地阅读,敞开心扉

表达自己的独特见解，并写出富有个性的作文。例如，在分析一篇经典文学作品时，教师可以引导学生从不同的角度去理解作品的内涵，鼓励学生提出自己的观点，而不是仅仅局限于标准答案。

（二）持续学习，提升个人素养

为了有效开展个性化作文教学，教师需要持续学习，不断吸收新知识，提升个人素养。教师应采用个性化的教学方法，让学生感受到个性表达的魅力，从而激发他们写出具有个性的文章。在当今时代，作文选材越来越强调实践性和贴近学生生活实际。语文教师需要关注与国家发展、科技进步、日常生活紧密相关的热点话题，例如"一带一路"倡议、"嫦娥四号"探月工程等国家发展热点；世乒赛、奥运会等体育赛事；传统音乐、中国书画等文化现象；以及压力与肥胖、学生心理健康等生活话题。通过关注这些热点，教师可以更好地感受生活、理解生活，从而全面提升个人素养。

（三）优化评价方式，激发写作热情

学生对写作的恐惧往往与教师对作文的评价密切相关。教师是学生作文的第一位读者，其对作文的反馈会直接影响学生后续写作的兴趣和动力。因此，教师需要提升自身的修养，以陪伴者的态度对待学生。学会欣赏学生的作品，理解并尊重学生的个性。同时，教师应鼓励学生自主修改作文，在修改过程中提升写作能力。例如，教师可以采用以下几种评价方式：

正面反馈：在评价学生作文时，教师应多给予正面的反馈，肯定学生的优点和亮点，增强学生的自信心。即使作文存在不足，教师也应以鼓励的方式提出建议，而不是简单地批评。

个性化批改：教师可以根据学生的个性和写作水平，给予个性化的批改意见。对于写作基础较弱的学生，可以重点指出一两个需要改进的地方；对于写作能力较强的学生，可以提出更高层次的要求，如语言表达的提升、主题的深化等。

自主修改：鼓励学生自主修改作文，教师可以提供修改的方向和方法，让学生在修改过程中提升写作能力。例如，可以组织学生进行"作文修改工作坊"，让学生在小组内互相阅读、修改作文、分享修改经验。

展示与分享：定期组织作文展示活动，将优秀作文或有进步的作文展示给全班同学，增强学生的成就感和自信心。同时，可以鼓励学生将自己的作文投稿到学校的文社或校报，让学生感受到写作的价值。

通过这些方法，教师不仅能够提升自身的素养，还能更好地引导学生进行个性化写作，激发他们的写作热情，培养他们的创造力和独立思考能力。这样的教学方式不仅有助于学生在高考中取得优异成绩，更能够为他们的未来发展奠定坚实的基础。

四、营造和谐氛围，促学生个性化成长

教育家马卡·连科曾指出："相同的教学方法，仅因语言风格的不同，效果可能相差甚远。"优秀的语文教师应具备用优美语言感染学生、用激情话语激励学生、用幽默风格活跃课堂的能力。在个性化作文教学中，教师不仅要用语言的魅力吸引学生，更要通过精心设计的教学情境，营造出和谐轻松的氛围，让学生带着各自独特的体验走进教室。

（一）营造轻松和谐的教学氛围

在个性化作文教学中，学生带着各自独特的体验走进教室，教师则通过幽默风趣的语言和精心设计的教学情境，营造出和谐轻松的氛围。这样的环境能够让学生自由思考，从而创作出富有个性的文章。例如，教师可以在课堂上分享一些有趣的写作故事，或者用幽默的方式讲解写作技巧，让学生在轻松的氛围中学习写作。

同时，教师应引导学生多接触生活、感受生活，鼓励他们自由地

表达真实情感，写出有个性的作文。例如，可以组织学生进行"生活观察日记"活动，让学生记录下生活中的点滴，然后在课堂上分享和讨论。通过这种方式，学生不仅能够积累写作素材，还能在分享中感受到写作的乐趣。

（二）组织多样化的语文活动

教师可以组织各类语文活动，如作文比赛和演讲比赛。正如教育家魏书生所说，即便学生对活动本身缺乏兴趣，但对胜利的渴望也会激发他们的间接兴趣，让他们忘记活动的乏味。在比赛中，学生会被充分调动起来。例如，可以定期举办"校园作文大赛"，设置不同的主题和奖项，鼓励学生积极参与。比赛结束后，可以组织学生进行作品分享和经验交流，让学生在活动中提升写作能力。

教师还可以将优秀作文投稿至学校文社，当学生的文字被印成铅字并刊登时，他们会感到极大的成就感，从而进一步激发写作热情。例如，可以与学校的文学社合作，定期出版学生优秀作文集，展示学生的写作成果。

（三）增强学生的主人翁意识

营造良好的教学氛围，教师需明确自己的角色是引导者，更多地关注学生的情绪反应，把主动权交给学生，让他们自由表达想法，并及时给予真诚的肯定和表扬。在个性化作文教学中，教师可以邀请学生参与作文讲评，增强他们的主人翁意识。例如，可以设置一个信箱，让学生每周提交自己想写的题目并说明原因。最后，由同学们选择一个自己喜欢的题目，自由写作，不限字数。

这种方式贴近学生生活，解开了他们的束缚，触动了他们的情感，使他们有话可说，也更愿意大胆表达。例如，可以组织"作文题目投票"活动，让学生投票选出自己最感兴趣的题目，然后围绕这个题目进行写作。在写作过程中，教师可以引导学生进行小组讨论，分享写作思路和心得，让学生在互动中提升写作能力。

通过这些方法，教师不仅能够营造出和谐轻松的教学氛围，还能激发学生的写作热情，培养他们的创造力和独立思考能力。这样的教学方式不仅有助于学生在高考中取得优异成绩，更能够为他们的未来发展奠定坚实的基础。

总之，《语文课程标准》明确指出："写作是运用语言文字进行书面表达和交流的重要方式，也是学生认识世界、认识自我、进行创造性表述的重要过程。写作教学应着重培养学生的观察能力、想象能力和表达能力，同时重视发展学生的思维能力和创造性思维。"在新课程改革不断推进的背景下，教师应积极引导学生走进生活，关注自我，走出一条个性化写作之路。通过这种方式，可以充分发挥学生的主观能动性，让他们能够充分且自由地表达自己的想法，创作出具有个性和创造力的作文。这不仅有助于提升学生的写作能力，更能促进学生心智的全面发展，为他们的未来成长奠定坚实的基础。

参考文献：

[1] 冶丽红. 浅谈个性化作文教学 [J]. 商情，2016（41）.

[2] 李春华. "开启心扉说真情"的有效作文教学 [J]. 文教资料，2010（34）.

[3] 周英. 高中作文教学中创造力的培养研究 [D]，重庆师范大学，2011.

[4] 张文雅. 试论中学个性化作文教学 [J]. 大观周刊，2013（10）.

[5] 杭琳. 高中语文个性化作文教学探微 [J]. 作文成功之路（下旬），2015（9）.

深阅读、真写作：核心素养下的心智成长路径

立德树人是时代的要求，也是教育的根本目标。语文教学的目的不在于应试，而在于育人，语文学科核心素养是育人价值的集中体现。因此，我们要把学生语文素养的养成放在首位，促进学生心智的全面发展。读与写是语文不可分割的两条大腿，是落实语文核心素养的重要途径。核心素养下的语文教学要求学生进行"深阅读"和"真写作"，通过阅读提升思维能力，通过写作表达真实情感，从而实现学生语文素养和心智的同步成长。

一、深阅读促进学生心智成长

（一）何谓"深阅读"

先说深阅读的对立面——"浅阅读"。浅阅读是指浅层次的、以休闲为目的的阅读方式，是流于文本表面、轻松愉悦的阅读。浅阅读的特点是表层、方便、快捷、碎片化。科技发展、手机普及、生活节奏变快、时间碎片化、信息爆炸、快餐文化盛行，使得现在越来越多的年轻人选择浅阅读。马路、广场、公交、地铁等随处可见"低头族"。也许对成年人来说，浅阅读没什么不好，但对正在成长的中学生来说，危害极大。如果只关注娱乐八卦、碎片信息，阅读停留于文本表层，浅尝辄止，囫囵吞枣，浮光掠影，广大青少年学生的大脑将越来越贫乏，思想将越来越肤浅。因此，我们语文教学应坚决反对浅阅读，与浅阅读说不！

了解了浅阅读的危害性，我们再来谈谈深阅读。深阅读是指对文

本展开深层次领悟，对文本蕴含的情感、思想进行深刻理解的阅读方式。它是读者与文本的深刻对话，是激发想象力和创造力的深刻体验。深阅读是痛苦的、揪心的，但能把握作品的内涵，理解文章的价值取向，与作者产生情感共鸣，能增长智慧、净化心灵。深阅读，让你神清气爽，豁然开朗，思想深邃！语文教师应拥抱深阅读，与深阅读同行。

（二）如何进行深阅读

在人工智能技术突飞猛进的年代，我们语文教师不能做知识的搬运工，而应"授之以渔"，教给学生深度阅读的技巧。核心素养下的语文深度阅读策略是学会与文本对话。如何对话？当从细处入手。

1.关键字词进行咬文嚼字

朱光潜先生在《咬文嚼字》一文中说："无论阅读或写作，我们必须有一字不肯放松的谨严。"这种"谨严"就是咬文嚼字，要深阅读必须让学生养成咬文嚼字的好习惯。例如，关于"死"的表达，可让学生进行群文阅读，比较分析，揣摩推敲。《记念刘和珍君》写道："但她还能坐起来，一个兵在她头部及胸部猛击两棍，于是死掉了。"《在马克思墓前的讲话》："当代最伟大的思想家停止思想了……在安乐椅上安静地睡着了——但已经永远地睡着了。"《祝福》中短工称祥林嫂的死为"老了"；《三国演义》中称刘备的死为"驾崩"，称曹操的死为"死"。为什么不同的文章对"死"的说法不一致？引导学生比较辨析，就能体会到不同文章的情感意味、写作目的和文化内涵。

叶圣陶先生在《语文教学论集》的序言中提道"一字未宜忽，语语悟其神"。新课标强调"体会关键词句在表情达意方面的作用"，这真是英雄所见略同。我们应引导学生认真仔细地读书，深刻领会作者的思想情感，每个字都应仔细咀嚼，每句话都要认真体会。这并不是说教读一篇课文必逐字逐句讲解，而是要求我们从学生的读写实际出发，引导他们去感知、品味那些生动活泼的语言材料，从语言的角度消化、吸收其中的新鲜养分，把语言教学落到实处。文本的核心是语言。语言是通达作者文本意义的桥梁，是解读的关键。教学生怎样通过学习语言文字的运用，去读懂读透文本。咬文嚼字，让阅读大放异彩。

2. 抓文章中矛盾之处

这个"矛盾"，指文学作品中看似前后不一、表里不一或有悖常情之处。而实际上，这些往往是作家匠心独运处，是作品出彩处。深度阅读的教学，就应该抓住这些矛盾之处。例如，《林黛玉进贾府》中林黛玉在回答贾母念何书时说："只刚念了《四书》。"在回答宝玉问题时说："不曾读，只上了一年学，些须认得几个字。"这前后矛盾的话语是把握林黛玉人物性格的关键。都说言为心声，为什么林黛玉前后的回答不一样呢？她回答贾母，还带着谦虚，后来从贾母口中得知姊妹们"不是睁眼瞎子罢了"，就发现自己说错话了，她的"步步留心，时时在意"支配着她的言行，所以在回答宝玉问话时，就见机道"不曾读"，要表现出自己不如贾府的众姊妹，这样符合贾母的价值观"女子无才便是德"。

除了把握话语的前后矛盾，还要把握人物内心的矛盾。针对一个人死后，有没有魂灵的问题，《祝福》写道："希望其有，又希望其无。"如何理解祥林嫂矛盾的心理？她希望有魂灵，这样就可以和阿毛团聚，见到自己心爱的儿子当然是快乐的；但又希望其无，因为还要与祥林、老六见面，他们俩会因她而争吵争着要她，阎罗王只好将她锯成两半，分给祥林和老六，这对祥林嫂来说当然是痛苦的。所以她既希望其有，又希望其无，内心矛盾痛苦至极。把握作品既要感知整体，又要咀嚼细处，抓细节之矛盾处，于矛盾处见惊雷。我们的读，大而化之，这样就贯通了语言和思维。

3. 分析词句言外之意

词句的言外之意，即潜台词。作品中蕴含着丰富的潜台词。例如，《雷雨》中鲁侍萍与周萍的对话：

鲁侍萍 （大哭）这真是一群强盗！（走到周萍面前）你是萍……凭——凭什么打我的儿子？

周萍 你是谁？

鲁侍萍 我是你的——你打的这个人的妈。

站在周萍面前，母子相见，鲁侍萍自然想相认，便说出"你是萍（儿）"，但她已承诺不与周萍相认，所以内心强忍悲痛，利用同音词语硬生生地把话头转了，结结巴巴地说"凭——凭什么打我的儿子"，其内心是多么痛苦呀！接下来，她在回答周萍问话时，本要说"我是你的妈"，结果却说成"你的——你打的这个人的妈"，其内心是多么矛盾啊：母子相见却不能相认之痛苦，对兄弟相煎何急之愤恨，对面前这个儿子凶残之失望，对命运捉弄之无奈。

不仅戏剧，小说也一样蕴含丰富的潜台词。请看《边城》中祖孙二人的对话。

祖父说："顺顺真是个好人，大方得很。大老也很好。这一家人都好！"

翠翠说："一家人都好，你认识他们一家人吗？"

因为祖父在说"这一家人都好"的时候，漏了二老。而翠翠喜欢的是二老，偏偏祖父未点出，所以翠翠才反问"你认识他们一家人吗"，言下之意你没有说全他们一家人。这些词句言外之意，展现了人物丰富的内心世界，我们应当引导学生细读。

深阅读不仅是提升学生语文素养的重要途径，更是促进学生心智成长的关键环节。通过深阅读，学生能够学会从细节入手，深入理解文本，培养批判性思维和分析能力。这种深度的阅读体验能够帮助学生在阅读中感受语言的魅力，理解作者的情感，从而提升他们的情感共鸣能力和同理心。同时，深阅读还能激发学生的想象力和创造力，让他们在阅读中学会思考，形成独立的见解和价值观。这种心智的成长不仅有助于学生在学业上的进步，更能为他们未来的生活和发展奠定坚实的基础。阅读，关乎人生，滋养心灵，是学生心智成长的重要助力。

二、真写作促进学生心智成长

（一）何谓"真写作"

1. "假写作"的危害

先说假写作。假写作是指为了应付任务，"为赋新词强说愁"，为写作而写作。言不由衷、人云亦云、无情无思无我、假话大话空话连篇、宿构套作、抄袭，这是假写作的特点。假写作的危害性很大，它没有自己的语言，自身的体验，更没有个人的思想感情。假写作让学生思想贫乏，思维停滞，创造力缺乏，造成"天下文章一大抄"的现象。今天文章一大抄，明天假冒伪劣产品就满天飞了。我们决不能让"抄袭作文""谎言作文"成为主流。

2. "真写作"的内涵

再看"真写作"。真写作是指选择恰当的表达方式，抒发自己的真情实感的写作。内容充实、思想深刻、感情真挚、富有个性，是真写作的特点。语文新课标呼唤真写作，反复强调中学生写作要有真情实感，表达自己对自然、社会、人生的独特感受和真切体验。新课标要求我们引导学生多角度地观察生活，发现生活的丰富多彩，捕捉事物的特征，写作时不说假话、空话、套话，避免为文造情。因此，倡导真言，提倡"我手写我心"，是新课标下作文教学最基本的目标和要求。真写作的要义是写出真性情、真观点的文章，有独特创意的表达。

（二）如何进行真写作

核心素养下的作文指导策略是真写作，那么如何进行真写作呢？应从大处着眼。

1. 作文先做人，做真人

都说作文先做人，功夫在诗外。做什么样的人呢？做真人。陶行知先生说："千教万教教人求真，千学万学学做真人。"这个"真"比什么都重要，因为教育最根本的目的是让人成为一个真正的人，因此作文教学首先就要教学生做个真人，求真务实。这是作文的外功。

真人指有道德修养、人格健全的人，有节操、有底线的人，真诚、待人热情不虚假的人。一个人的道德修养很重要，德之不立言之不传，先立德后立言，人格健全的人是好文章的基础，人品决定文品，人格攀多高，文格就能攀多高。真人有自己的节操，能守住为人的底线，富贵不能淫，贫贱不能移，威武不能屈。真人待人真诚热情，情商高，不矫揉造作，不虚伪，不当面一套背后一套。

先为真人，后为真文，此之谓美。美的本质是真，先有真后有美，倘若我手写的不是我心，而是一些矫揉造作的文章，那么美就不会存在于这些文字之中了。

新课标强调发挥语文课程的育人功能，明确提出了立德树人的教育理念。课堂教学以此理念为导引，作文教学应将立德树人的要求落到实处。做人就是作文，真人促进写作；反过来，真的写作又可以反哺、成全做人。写作也是一个人修炼的道场，真善美是和谐统一的。

2. 在活动中提升思想认识水准

王立根先生认为要作文，就要做一个有思想的人，作文可以没有修辞，但不能没有态度；可以没有呐喊，但不能没有声音。思想决定态度和声音，三观正才有思无邪之文。那么如何点燃思想？开展丰富多彩的语文活动，在活动中提升思想认识。

语文新课标认为，真实、富有意义的语文实践活动情境是学生语文学科核心素养形成、发展和表现的载体。各种语文活动可以让学生多读多想多写，多角度地观察生活，多方面地增进语文积累，丰富自己的精神世界、生活经历和情感体验，完善自我人格，提升人生境界。

因此，我们应以活动代替讲解，在活动中提升思想认识水准，语文素养就在各项精心设计的活动中形成和发展起来。活动中做到全员参与，积极主动地参与，学生在真情投入中锻造能力，充分增强主体意识，切实提升思想认识，而不是"被活动"；活动强调体验性，有动手操作才有真实体验，"纸上得来终觉浅，绝知此事要躬行"，理论与实践相结合，在实践活动中重构知识，提升素养；活动还要因地制宜，结合本校特色、本地资源以及环境特点等来精心组织。在活动中任务驱动，寓教于乐，这样课堂活动和课外活动就相得益彰。无论是系列活动还是专题活动，无论是大型活动还是小型活动，学生全身心投入，在活动中学习，在活动中思考，在活动中成长。

真活动产生深思想，也为表达打下坚实的基础。语言跟着思想走，往往思考得清楚，才能表达得清楚；思考得深入，才能表达得深刻；思想有多远，文章才能走多远。深刻的思想孕育着真写作。

3. 表达时应增强一两个意识

作文先练外功,再练内功,真写作要内外功相结合。表达就是内功,表达时应增强两个意识。

（1）要有思辨意识

语文核心素养之"思维发展与提升"包括直觉思维、形象思维、逻辑思维、辩证思维和创造性思维的发展，以及深刻性、敏捷性、灵活性、批判性和独创性等思维品质的提升。近年高考特别强调辩证思维以及批判性思维品质。素材有对立性，对立中有统一，在具体矛盾中分析其辩证的转化，已是高考作文命题的一大方向。

因此我们应强化思维训练。写作过程是一个包含概念、判断、推理等复杂思维过程，其间思辨性尤显重要，我们要在具体生活情景中培养分析说理能力，激活学生的思辨意识，能辩证地分析问题。在审题时进行"黄金三问"：这个说法能成立吗？有没有相反或例外的情况？如果成立，需要什么条件？

学会分析材料中二元或多元之调和或对立，论证中厘清因果，追溯前因，推求后果，学会正反对照，步步推进来纵深论证。我们要让学生在不断追问中向前推进，学会理性思考，在质疑批判中前行。

学生要能在真实的情境中辨析关键概念，在多维度的比较中说理论证。富有思辨性的文章，其思想自然深刻，说理自然透彻。

（2）要有对象意识

近年高考强化交际语体写作，有交际就要有对象意识。引导学生在写作时，既要注意表达者的身份，因为身份不同，表达的角度、用语、语气等都将不一样；又要注意阅读者的身份，即写作要看对象，要有良好的"读者意识"，能根据读者角色特点及需求找到恰当的表达方式。

对象还可以是对手，即对立面。没有对立面，难成思辨，论证时考虑到反面观点，让自己的论证更加周密。

真写作不是无病呻吟，而是能"指点江山"，要立足现实生活需求，强调实际应用，要言之有物、言之成理，避免言而不实、空而不当。真写作从培养文化品质开始，提升思想认识和审美创造，训练思维，落实语言建构。能根据不同的语境场合和运用目的，恰当地进行表达，这是语文新课标的要求；以负责任的态度陈述自己的看法，表达真情实感，培育科学理性精神，这是真写作的目标。

真写作不仅是一种技能培养手段，更是促进学生心智成长的教育路径。这种以真诚表达为内核的写作实践，能够实现语言训练与精神成长的双重教育目标。首先，真写作要求学习者主动梳理思维脉络，将零散观点转化为逻辑严密的文字表达。这种思维外显过程促使学生直面内心，在反复推敲字词的过程中培养审辨式思维品质。当文字成为思想的镜子，写作便超越了语言技巧层面，转而成为构建独立认知体系的思维体操。其次，真实写作创造了个体与世界深度对话的空间。通过捕捉生活细节中的情感震颤，记录认知冲突中的思想火花，学生逐步建立起对生命经验的感知力。真写作实质上是一场心灵对话，在提升语言能力的同时完成精神世界的建构。当学生学会用文字照亮思想盲区，用修辞传递情感温度时，他们获得的不仅是表达工具，更是持续自我更新的成长动能。

参考文献：

[1] 叶圣陶 . 语文教育论集 [M]. 教育科学出版社，1980.

[2] 普通高中语文课程标准（2017 年版）[S]. 人民教育出版社，2017.

[3] 王立根 . 作文智慧 [M]. 海峡文艺出版社，2004.

[4] 余党绪 . 说理与思辨——高考议论文写作指津 [M]. 上海教育出版社，2017.

[5] 张开 . 注重题型设计、强化教育功能 [J] 语文学习，2015. Z1 期 .

写作思维探索：典型问题的辨析与教学优化

孔子曰："君子有九思：视思明，听思聪，色思温，貌思恭，言思忠，事思敬，疑思问，忿思难，见得其义。"就是提醒弟子要注意结合生活中的细节，不断思考，让思维走在行为之前，三思后行。刘勰在《文心雕龙》中说："文之思也，其神远矣。"陆机的《文赋》中写道："观古今于须臾，抚四海于一瞬。"可见，我国历来对写作中思维极为重视。马克思说，语言是思想的直接现实。恩格斯曾把"思维着的精神"称为"地球上最美的花朵"。俄罗斯著名作家车尔尼雪夫斯基曾说："思索、思索、再思索，否则就值不得写，没有经过深思熟虑而写出来的东西本身就一钱不值。"写作思维，就是写作过程中所进行的思维活动。写作过程包括预写、起草、修改、校正、发表5个环节，每一个环节都需要思维介入，都存在思维活动。王宗炎教授说："语言是表达思想的手段。"思想不合逻辑，语言就不能被理解，思想有逻辑性，语言就顺理成章。这里的"逻辑"，是作者对自我意识的约束、控制后的合理呈现。写作过程中的"思想"表达，是受到作者本人的意识支配，是自我约束的结果经由语言输出与展露的，即逻辑思维的结果。因此，写作其实就是一种心灵的活动和逻辑思维的运转，是将自己的逻辑思维，经过语言的组织和逻辑的建构，转为文字，形成作品的过程。心理学对写作的研究也发现，写作是人类有别于其他生物所特有思维表达过程，蕴含着复杂的认知、情感，每一项都涉及写作者的心理反应。这里的"心理反应"，就是思维。

写作的全过程，都需要思维介入。作家张进善在《灵感与写作》

中说："写作的前提是思维 。"马正平教授认为："写作思维就是写作过程中所进行的思维活动。过去的作文知识关注的是'写什么'和'写出的作品是什么'的焦点觉知，而没有关注那种下意识的文学创作知识、创作思维、形象思维、艺术思维技巧。我所进行的写作学、美学、作文教学研究则主要使用现象学的思维方式去直观地描述那些附带的、默会的写作思维、审美思维操作模型、操作程序，用语言表达出来，就成了真正有效的写作学、美学知识，它将使所有的人都可以达到'明明白白教作文''明明白白学作文''明明白白写作文'的理想状态。我国的写作思维教学研究已经为一线教学提供了许多可借鉴、可运用的方法，例如主张激活"触发思维"，由具体的信息触发的第一印象、第一感觉，激发出写作冲动，让其成为写作动力生发的原点。又如注重"继发思维"， 强调教学中应指导学生围绕写作题目，最大限度地展开思维扇面，不断丰富心理体验，扩充写作内容。在立意、修改、个性风格建立等过程中，也注重"完形思维"，对杂乱的信息资料按照一定的写作要求进行简洁化、系统化、完美化的整体加工处理，使之更加完整合理。然而，因写作思维具有一定的隐蔽性，转化为具体教学操作时不能做到简单、机械，所以未在一线教学中得到重视。长期以来，写作教学中"训练观"占据主流，特别是中小学一线教学，对"训练"极为重视，有将写作教学等同于游泳、打球、跑步等身体技能训练的认识趋向。写作思维的培养因"训练"而受排挤与忽视，导致写作教学陷入生硬、刻板、追求速成的模式化教学之中。基于对写作思维的认识，下文对一线教学中几个被习惯性接受的、较为典型的问题进行重新思考与厘清。

一、思维先于写作，"先写后教"能成为合理的教学模式吗

思维先于写作得先从人类的祖先人猿说起。人猿起初生活在丛林

中，由于环境的改革，人猿移居到平原上，为了适应新的环境，就开始了劳动生活。在劳动实践中，各个成员之间相处的机会增多，彼此之间产生了复杂的情感。当时人类的劳动是利用工具进行的，有意识、有目的的活动，可以说劳动时的人类已具备相当高的思维能力。他们在从事劳动中，知道这个石制工具是做什么的，也知道撒种了对他们的重要性。人们在劳动过程中积累了大量的生产经验与知识，这些知识需要交流，这时彼此之间有什么东西非要说出来不可了，就产生了语言。恩格斯曾说过："首先是劳动，然后是同劳动一起产生的语言。"可以说，语言产生之前，人类就已经开始了劳动。也就是说，思维先于语言。当有语言符号时，如劳动时的"嘿哟、嘿哟"口号的出现，这些简单的语言已成为思维的载体。中国最早的文章样式是"卜辞"，"卜辞"是甲骨文中巫师用来预测打仗的文章体裁。书面语言由甲骨文、卜辞开始，人们就开始通过写作表现人的思维成果，记录人的思维过程。从以上分析可以看出思维产生于写作之前。[①]

　　指导学生写作，就要把教学工作做在文章产生之前，让思维先于写作。这是符合思维与写作之间的先后逻辑顺序。面对命题或者具有具体情境的写作任务，教师最重要的教学行为应该是激活思维，而不是无所作为地"等待"。文章产出了，最重要的建构过程就完成了，教学错过了最重要的时机。持有此观点的教师认为，应该让学生先写出来，然后根据写作的结果进行有针对性的指导。此主张大致看有说服力，因为其站在了因材施教，具体情况具体分析的"教为了学"的立场上，营造出理想化的教学状态。但我们可以从四方面认识到先写后教不适合"课堂教学"这一特殊性领域中的写作。

---

① 覃可霖.作思维论[J].西南民族大学学报·人文社科版，2003（6）：152.

其一，让学生先写下来，将写作莫名前置，混淆了"自由写"与"教学写"的界别。学生一生之中，能自由写下多少文章无法统计。但按照课程计划，每学期教学写作的次数是既定的。自由写就要自由，自然应该秉承"想怎么写就怎么写"的不二法则。教师的辅助应看作干涉。教学视域中的写作是学习写，无法排斥"教"。我们把有限的、难得的师生合作写的经历模拟成在家自由写的状态，这显然是对"教"的忽视，对教师的无视，是自断羽翼的做法。其二，让学生先写，教师等待写作结果产生后才教，空耗了课堂时间，是置效率于不顾的低效教学。写作的思维与"时间""空间"是息息相关的。不同时空对思维的要求不一样。课堂教学中的写，相对快速的思维应对师生思维共存共享的空间就是最显著的时空特征。很可惜的是，至今为止仍有不少人以物理时间来衡量一节课是否属于真正的写作教学，或者将其作为评判教学质量高低的依据，认为 40 分钟里，分配给学生写作时间越多，这节课的教学效果越好，越像写作课。表面看，这是保障学生的写作时间，是对写作生态的还原，但这恰恰是对课堂时间没有概念的简单化想法，是对写作与思维之间关联缺乏认识的经验性结论。国外很多关于中小学生写作的研究都是与写作时间有关的。因为写作过程中多种认知活动之间的关系与时间因素密切相关，认知活动对文章的影响随着时间的变化而变化。有研究表明，写作构思过程对文章质量的影响在很大程度上受制于时间。当写作不限时，影响作品质量的首要因素是构思；如果限时，时间效应就会表现出来。显然，课堂教学写，时间受限，时间也成为重要的考量因素。可见，写作教学是否有效，不能以时间长短衡量作为评判的标准。有思维参与的写作，很可能是长时间静默凝神的，虽未下笔，却已胸有成竹。其三，先写后教的意识，透露出对师生同在的"思维场"的盲视。在课堂教学写作，"场"的力量是必须得到重视的，场中的教师，存在意义重大，可以处理好讲授与实践的关系，教与学相长相生；处理好"写"与"改"的关系，写就是改，改同时也在写，当堂写，写后评，马上改。教师可以组织场中互动，即确保修改权在作者本人，还可以将修改结果分享给同伴；处理好新旧知识，信息，能力，方法的对接融合关系，有序链接每一堂写作课的知识点，让新旧系统不冲突，不重叠，能递进；处理好个体和群体的关系。统一当堂写作，这样易于营造浓厚的集体写作氛围，降低个体写作难度；处理好"在场"和"不在场"的关系。即注重当下的言语表达成为主力军，同时也注重"不在场"的写作情感，态度，习惯，生活积累，感悟等成为写作资源。教师，如何能袖手旁观？最后，有教师介入的课堂教学写，一味让学生埋头写，要求老师不干扰，以确保写作过程的静谧、独立，看上去是给予充分的写作自由，其实回避教师指导，就是让学生重复陈旧的写作思路，在课堂上仅进行自我复制。课堂写相对紧张，在紧张的心态下不给与充分的思考时间，很自然的条件反射就是"重复旧经验"——过去写过的，类似的，可套用的。因为有老师"等着看""等着评价"，在"坐等"的趋势下，最稳妥的做法就是用成熟的，有把握的，甚至是经过尝试被表扬的旧的写作结果来应对。因为缺乏安全感，所以急于获得安全感，这是本能的需求。在这样前提写下的文章，却被当作样本进行继续指导，教学是滞后于真实的。

二、思维统领写作，"技法"能成为教学的核心内容吗

杜威在《我们怎样思维》中，阐述语言的三个用途。其一为实际用途，用以影响他人；其二为社会用途，用以交际交往；其三为理智用途，用以产生思维。杜威强调教育的主要任务是发展语言的第三种用途——发展思维。按照杜威的建议，我们发现思维教学应在写作教学全过程中相伴而行。覃可霖教授在《写作思维论》中说：对写作行

为起着"统帅"作用的是"思维"。思维直接影响着主题的酝酿、萌生、成熟及表现过程，是每个作者在文章动笔之始就已存在于自己头脑中，并且影响着整个写作过程的。对写作过程而言，写作主体的智力结构起着不可忽视的作用，而思维对写作主体的智力结构起着完善或改变的作用。强调思维的重要性，从某种意义上说，就是强化写作主体意识。强化了的写作主体意识，能够使作者自觉意识到如何对自我思维认知模式重新认识，更好地控制写作行为。意识到这点，便能够领悟到思维对写作的影响不是单一的，不仅仅是理性的认识，同时也寄寓了作者的生命态度、情感选择。可见，教思维就是写作教学的核心，也是写作教学过程中的重要存在，因为写作对接着生命，是证明每一个"我"独立存在的根本。潘新和教授称之为"不写作，枉为人"。重视思维，启发思维，发展思维，就是抓住了教学的命门。

当我们认定写作过程就是思维生发、完善、展露的过程，我们发现课堂教学中被奉为圭臬的"技法"或者说是"写法"，未必是教学的核心内容。将写作教学等同于语言练习的，基本也主张教方法，强调依法仿作，借法迁移，"法"生于"文"，有根；教师根据选择的例文总结出写作方法，并以反复练习巩固对方法的掌握。学生马上学，马上用，马上改变语篇样貌，有效。在认识到思维的重要存在后，就能清晰认定：这样做，不利于真实的写作能力提升。魏小娜教授在《真实写作研究》中说："写作过程不仅是被动地模仿事物，反映主观体验，而是伴随认知、建构、改造的过程；伴随着吸收、消费、生产信息的过程。写作能促进自我发现、自我认识与认识周围世界。"[1] 我们并不否认写作是练习，但写作不纯粹是练习，写作是带有练习色彩的真实可感的思维活动。我们绝不能简单地将写作与打球、游泳等技能练

---

[1]　魏小娜.真实写作研究[M].北京：人民出版社，2017.

习画上等号。与之相比，写作的最大特质是在全过程中融入了作者最为可贵的情感、思想、心意，是真实的。作者全身心投入，调用自己的思维参与，这绝对不是机械的动作练习所能比拟。因此，教给一种方法，并通过强化练习让学生感觉这种方法是可用的，实际上仅是制造了"我会写"的假象，是假写。其一，"法"的母体是例文，是个案。用个案来推及全体，明显以偏概全。更不要说选择的个案都是优质语篇，作者写作水平高于其他同伴，作者在写的时候自己有没有刻意用法还是值得考证的。因为我们知道高水平写作都是自然而然的，都回避用法。教学中从例文中提炼出来的"法"，其实是我们一厢情愿地"看见"而已。其二，用机械训练与简单仿作写出的语篇，是得不偿失的，因其阻碍了鲜活灵动的思维参与，这样做将导致学生写作胃口的败坏，认为"这就是写作"，就是好作文诞生的法宝；将对写作本质产生曲解，认为写作就是套作；将写作的延伸力阉割，认为我会写了，今后就这样写。一直这样练，很快就不爱写了。因为教方法、练方法的背后，有一个很纯粹的目的是——验证方法有效。所以，练习的时候目标很单一，顺我者昌，逆我者亡，方法高于写作。其实，教学中教师所讲述的方法本身是否具备普适性，并没有考证，仅是为了方法而冒失匆忙地上阵，这原本就是一意孤行的冒险。更何况，在思维缺位的情况下，在抽离情感介入的写作训练中，这样的练习，对写作的趣味是极具杀伤力的。学生很可能掌握了方法，丧失了对写作本身的热爱。其三，教"法"的方法如果不合适，如同在岸上学习游泳。不少教师教方法，生造出方法的名称，制造出一个个新的概念，并信誓旦旦告诉学生：这个方法好用，管用，别人用了文章就好，你也可以用。这不正是给一个不会游泳的小孩看运动员在游泳，并分析出运动员游泳的技法，然后让小孩尝试吗？在《本能的缪斯——激活潜在的艺术灵性》一书中，作者布约克·沃尔德回忆起他上小时候的故事：老师要求所有不会游泳的同龄男生去接受特殊的训练，并且许诺凡是学会者将得到得到一枚银色的肩章。为了得到它，学生需要在很深很深的水里游25 米，不幸的是，学校没有游泳池。因此，学生不得不在体育馆的地板上练习，我们学着这样的"游泳"，一小时又一小时的练习使人厌烦，可以想象的是手掌磨出了老茧但是还没有学会游泳，训练结束时，大家没有得到银色肩章，水成为远离我们那个黑暗的小小体育馆的另一个世界。[①] 其四，练习中的"法"局限性很强。在例文语境中好用，而跳出例文后未必用得上。只要语境发生变化，或者作者的心境、情感发生变化，思维变得活跃的时候，死的方法就成了套子，禁锢人，限制人，不管用了。例如，我们教给学生点面结合的方法，告诉他遇到场景描写，先从大场面入手，然后再找准一个小点进行集中描写，完成点面结合就能写好场面。在给定的"全班自习"场面中，方法用上了，感觉可用。然而，学生在遇到动态更足、吸引力更大的游戏场面时，方法就不好用了。学生被感兴趣的素材吸引，不关注其他，有的时候只在意写自己参与的游戏部分，书写自己的游戏心态。不用法，但写得自然、真实，未完成教师赋予的场面描写的练习任务，但实际上已经超越了练习的层次，把写场面上升为书写自我，从练习写升格为真实写。而如果教师依法评价的话，法可能导致真实写作被迫离场。

例如，写作教学案例：《我的成长故事》设计一个以"我的成长故事"为主题的写作项目，旨在引导学生通过真实写作，探索自我，表达内心世界，同时提升写作能力。首先，是导入与启发。教师通过展示一些名人成长的故事（如运动员、谷爱凌等），激发学生的兴趣，引导学生思考自己的成长经历。教师提问："在你的成长过程中，有没有

---

① ［挪威］布约克·沃尔德著；王毅，孙小鸿，李明生译．本能的缪斯——激活潜在的艺术灵性[M]．上海：上海人民出版社，1997(5)： 199.

一个特别的时刻或事件，让你觉得自己长大了？"学生分享自己的想法，教师记录关键词。其次，具体写作指导。选材指导：教师引导学生从自己的生活中寻找素材，如一次成功的挑战、一次失败后的反思、一次与家人的冲突与和解等。强调选材要真实、贴近生活，避免虚构。思维导图：教师指导学生制作思维导图，梳理成长故事中的关键情节、情感变化和思考。例如，以"一次失败后的反思"为中心，分支包括事件起因、经过，结果，内心的感受、收获等。语言表达：教师强调语言要自然、真实，避免使用华丽的辞藻和空洞的套话，鼓励学生用第一人称叙述，让读者能感受到故事的真实性。

海德格尔认为：语言即非表达，也非人的活动。语言是人的主人，语言自己在言说。[①]教师教学写作，不应只是鼓励情感宣泄或是卖弄语言，不应被语言格式所降服，而应更加强对思维的培养，促进学生理性探索，让写作使自己更理智、更成熟、更善于思考。带有思维的写作，成为人之所以为人的最为有力的证言。

三、思维持续影响写作，"校正"能等同于"修改"吗

学生完成当堂写作时，作者的思维在此时、此语境中，也在同步发展。写作与思维在教学全过程中，一起营造出一个特殊的磁场，实现双赢。写出一篇的同时，思维也发展一步。因此，每次教学都应指向思维，自始至终寻求写作与思维的共振。这是完全有可能实现的，因为思维和写作原本就是一体两面。之前的论述中，我们知道，从预写到起草，教学写作的过程中思维无处不在。例如，在动笔前的构思过程中，由于某一事物的偶然触发引起大脑中的生活积累与作者在阅读、鉴赏作品的过程中受到影响或启发之间，"汇集成一股巨浪滚滚

---

① 刘文斌．语言的本质与澄明之境[J].理论月刊，2012（7）：33.

向前"。思维让作者完成了酝酿到构思的预写过程。到了"怎样选用语言"这些具体的起草阶段时，思维又指引作者按照心理活动的规律程序和方法，运用思维活动的成果落实在文字上，形成文章。[①]由此可见，写作并不单纯是运用语言文字表述思想感情的活动，应该说全过程都是和思维并行的。而"修改"是写作初步完成的"休止符"，是下一个阶段继续延展的"开幕式"。在这个承前启后的关键时期，课堂教学正好进入"评价"环节，师生都更应关注思维，站好这节课的"最后一班岗"。

北京师范大学王可博士整理了国内外学者对修改环节的思维研究结果，发现文章的修改是通过比较、诊断和操作三个活动来实现。这三个活动直接影响到写作文章表征和期望文章表征。有人把写作的修改分成任务确认、文章评价、问题解决、策略选择与执行四个环节。这些环节也都需要经过概括、分析、综合、比较才能够实现。这就意味着，在修改过程中，作者运用与依靠的，依然是思维，展示的其实正是思维中概括、分析的层次性特征。在修改评价教学环节，思维仍旧应是重点。

到底写后的现场评改要改什么才有益于思维的发展？不少老师都在费力指导学生对文章进行润色。例如，在词汇上选择更好的；在表达顺序上做出调整，在修辞手法上使用更炫的……这些做法固然属于"修改"范畴。但这更类似于"校正"，因为仅是对文章做了局部的，文章展露层面的"装修"——修修补补，改在表面。固然，做好这些润色处理也是需要思维参与的，但重要的是，完成这些文章门面的装修，对思维提升的促进作用不大，涉及的深层次的思维也较少。叶圣陶在1921年出版的《作文论》中也表达了类似观点。他说：我们内蓄情丝，

---

① 覃可霖.作思维论[J].西南民族大学学报·人文社科版，2003（6）：154.

往往于一刹那间感其全体，而文字必须一字一句连续而下，仿佛一条线索，直到终篇才会显出全体。蓄于中的情思往往有累赘，凌乱等情形，而形诸文字，必须不多不少有条理才行，组织的功夫就是达到这种企图。叶圣陶先生的"组织的功夫"，就是构思。可见，主导写作的硬核不是字词的串联，而是整体的构思，是一种对写作总体布局，乐于表达，勇于发表的意识。[①] 修改，也应触及思维，可以在以下三方面做出变革。

其一，注重欣赏运思。存在于写作中的思维要得到欣赏与认可，要与同伴进行思想交换，欣赏对方的写作运思。"外行看热闹，内行看门道。"教师要引导学生关注伙伴的写作构思、文章内涵。要去理解同伴文字中蕴含的个性化思想，想一想"为什么他会这么写""这么写好在哪里"。如此才能实现自我思想与对伙伴思想的交流与碰撞，在思想的互换中获得思维发展。反之，仅是关注对方的语言表层，完成语言积累，是无法和对方进行高层次思想交流的。词汇的积累，并不是写作学科的核心教学任务，大量的阅读或是阅读教学可以完成，无须挤占有限的写作课堂时间。其二，尝试寻找更好的表达路径。修改，因居于上位，要引导儿童不断调整思路，改文章结构，改表现方式。例如，运用形象思维，不断完善形象的建构；运用逻辑思维，让表达更有条理；借助灵感思维，让文章的立意、组合、结构等在瞬间变化，大幅度提升草稿的品质，大范围、大角度、大层面进行修改，实现思维的同步提升。相对于此，一些字词的调整，当堂可以完成的，就随机完成；当堂不能完成，还可以在课后的校正与誊写环节，借助工具书完成。这样的修改策略，确保思维和修改同步发展之外，还区分了"课堂改"与"课外改"：课堂改，注重向文章内部剖析，回到文章建构

---

① 何捷.让"精致化教学"来得晚一些 [J].教育视界，2017（7）.

的原点位置做调整；课外注重向文章外在的语言表层做修改，关注语言文字的润色与删改，注重文章表达细节。修改，可以实现内外兼修。其三，反复进行自我检测。修改，最重要的是检验自己的思维是否顺利转化为语言。修改时，自己要对自己的文章进行充分诵读，读通读顺，读到自己满意。读的同时，作者自己先回顾"要说什么""说了什么""说得如何"，只有自己认可了，读者才有可能理解。写作要有读者意识，但作者更要成为自己思维的主人，借助思维控制和调试文字，影响读者。所以，在思维的主导下的修改，不需要一味迎合读者，不能为了读者而写丧失自我。修改让作者获得写作自信。

例如作文《学写发言稿》，在修改评价环节，教师有这样的设计：第一，请学生代表来宣读发言稿，其他同伴来当观众，倾听发言。读得通顺，就评为三星发言稿。此环节，是在模拟发言的情境中，鼓励自我检测。第二，请宣读的同学表明自己的身份，还可以要求听众扮演发言的对象。公开发言后，接受听众的提问。此设计意在组织同伴共享，在仿真的情境中，检测发言稿是否具备交流和传播的功能。第三，发言者接受听众提问后，结合提问做出最后的修改。此设计意图为借助伙伴集体思维修改发言稿，让发言稿更具备当众发言的传播功能。修改的独特设计，让大众思维与个体思维合作于修改环节中，改动的是思路，完善的是"发言稿"应有的功能，发展的是写作运思。

课堂教学写作，就是教思维。基于思维的写作教学，应该是开放的、发展的、灵动的。教师不应局囿自己的需要，而应努力为实现同伴间思维共享，辅助完成思维难点突破而教。同时，思维随时产生，教学时时相伴，教师应注重写作全程的指导，注重做好教学设计。如同思维在写作之前就发生一般，教学之前需事先计划好程序，课堂中要有序实施好计划，让课堂呈现紧凑、活泼、刺激但有序的良好状态。

作文的智慧之门：助力提升的三重路径建设

作文是语文的半边天，语文老师都很重视作文教学。但是作文教学怎么开展，确实是个难题。因为阅读教学和作文教学不太一样，阅读教学更多的是知识传授和方法引导，好像大工业的模板，可以批量生产，一个老师就可能应付全班学生；而学生作文因人而异，只对作文进行集体指导效果甚微，作文教学更像手工作坊，不可能批量生产，老师掌握共性，更要把握个性，因材施教，所谓一把钥匙开一把锁，针对不同学生作文出现的问题，一对一帮扶指导，激发学生作文潜能，开启智慧之门。

王立根先生说："作文没有差生。"[①] 此言不差。但没有人天生就会写作，若老师能开启学生那扇写作的智慧大门，点亮智慧之火，将使学生终身受益。对作文教学的指导，笔者有以下思考。

一、文从改中来

许多学生写完文章，不懂得如何修改。其实修改文章也是一种能力，发现自己文章缺点，并能加以修改，这需要智慧，老师应该开启这种智慧，不断提高学生修改文章能力。

布斯在《修辞术的复兴》中指出："修改是写作的第二道工序。"（布斯，2003）这一观点深刻地揭示了修改在写作中的重要性。修改不仅仅是对文字的润色，更是对思想的深化和对表达的优化。通过反

---

① 王立根.作文智慧[M].福州：福建人民出版社，2019:97.

复修改，作者可以发现文章的逻辑漏洞、语言模糊之处以及主题表达的不足，从而进一步明确文章的中心思想和表达方式。比如修改文章包括对文章遣词造句方面的修改，思路线索方面的修改，人物形象方面的修改以及主题立意等方面的修改。

结合《读写》2017年第3期同题作文"助"，有个学生写了篇《盲》[①]。原稿：

> 悄悄地，一个握着棍子的女孩悄悄地靠近鸟巢，寻着鸟叫声悄悄地靠近鸟巢。终于起伏的鸟叫声又开始源源不断。那个女孩把棍子放在了一旁，慢慢蹲了下来，用双手在草坪上轻轻地扫着——她是个盲女……她笑了，鸟儿的羽毛在她手心挠着，她笑得那样灿烂干净。

3个"悄悄地"重复了；"她是个盲女"这个悬念太早出现，则索然无味，激不起阅读兴趣；"灿烂干净"在文中共出现3次，习作者是想表现盲女从发现小鸟到帮助小鸟的一系列情态反应，但"笑"可以灿烂，如何"干净"呢？

在老师的引导质疑下，学生做了如下修改：

> 静静地，一个握着棍子的女孩循着鸟叫声慢慢地靠近鸟巢，燃起希望的小雏儿又开始不断鸣叫，生怕女孩听不见似的。那个女孩把棍子放到一旁，慢慢蹲了下来，用双手在草坪上轻轻地扫着，移动着。小雏儿伸长脖子，用嘴温柔地点了点女孩的手心，女孩这才确定了鸟巢的位置。她笑了，小雏儿的羽毛在她手心挠

---

① 盲.读写（D版），2017（3）:68.

　　着，她笑得特别开心。

　　……她笑了，笑得那样灿烂。

　　……欣慰地笑着。

　　哦，原来她是个盲女！（这是文章结尾）

　　特别是将原文中的 3 次"灿烂干净"分别改为"她笑得特别开心""笑得那样灿烂""欣慰地笑着"。这样既能表现人物心情，又能写出随着发现小雏儿到让它安营扎寨之后的情感变化。这样线索明显，思路清晰了。

　　能够在《读写》发表，都是几经修改的。我们针对《读写》在海峡语文网公布的"同题作文"内容，布置班上全体学生进行写作，然后挑选出若干篇比较好的文章，有针对性地指导，学生不断修改打磨，接着老师再次筛选，帮其分析优缺点，再让学生发现问题并修改，定稿后附上评语，发送至《读写》邮箱。过一段时间，还要针对《读写》编辑部发来的修改意见，再指导学生精修，直至满意为止。一篇文章，都是几易其稿。《读写》给学生提供发表交流的平台，也给学生提供自主修改文章提升自己的机会，学生从中受益匪浅。

　　玉不琢不成器，文章总是在不断打磨中成精品。文章的修改经常是从遣词造句开始，学生要能掌握语言文字特点及其运用规律，在字词方面反复揣摩推敲，写得形象生动，达到"语不惊人死不休"的地步；在逻辑方面前后关联，思维清晰，层层递进；在主题方面追求立意高远深刻，材料为中心服务。凡此种种，不一而足。

　　文从改中来，修改出精品。

二、不断锤炼思想

　　这个思想指的是学生认识水平。都说写文章就是一个使思想逐步成熟、逐步完善的过程。修改的过程，表面上好像是语言方面的修改，其实是不断锤炼自己思想的过程。学生在语言文字迷宫中徘徊，实质是思想认识的困惑。懂得修改，就是意味着认识到位，思想方面的成熟。

《语文必修5》在"表达交流"部分《锤炼思想，学习写得有文采》中写道："语言是思想的载体，思想是语言的内核。语言跟着思想走。想得清楚，才写得清楚；想得正确，才写得正确；思想如行云流水，笔下才汩汩滔滔；认识事物深刻，文句才富于底蕴。"①② 由此可见思想的重要性，思想的格局决定了文章的格局。

朱光潜先生在《咬文嚼字》中提道："咬文嚼字，在表面上像只是斟酌文字的分量，在实际上就是调整思想和情感。"（朱光潜，1980）这一观点强调了文字选择与思想表达之间的密切关系。在写作过程中，学生往往因为思想不够清晰而无法准确表达自己的观点。通过"咬文嚼字"，学生不仅可以优化语言表达，还能在反复推敲中深化对主题的理解，使文章的思想更加深刻、逻辑更加严谨。

所以写文章前，要深入思考，提高认识；写文章时，不断梳理自己的思想；修改时，要不断锤炼思想，丰富认识。思想通了，认识到位了，表达就可能顺了。

《读写》的"同题作文"一期一个主题，在主题选择上皆用一字呈现，聚焦中华传统美德，以"爱""孝""助""诚""善"等为主题；聚焦中华传统文化，以"书""节""家""诗""字"等为主题；聚焦新时代，以"新""容""兴""强""正"等为主题。这些主题涵盖了传统道德、传统文化和现代社会建设，时代感强，品位极高，

---

① 普通高中课程标准实验教科书·语文必修5 [M] 北京：人民教育出版社，2014:78

② 普通高中课程标准实验教科书·语文必修5 [M] 北京：人民教育出版社，2014:41

内涵意蕴丰富。

笔者在指导这些"同题作文"时，要求学生对这些主题词有深刻的认识，能准确把握这些概念的内涵和外延，理解透彻，感悟深刻，才可能下笔作文。在给学生布置这些作文时，发放相关材料，帮助他们学习并领悟这些主题概念的精髓。还充分利用《陈情表》《师说》《拿来主义》《别了，不列颠尼亚》等课文材料，加强中华优秀传统文化教育和革命传统教育，让学生深刻感悟并学会表达。引导时注意点面结合，既关注面上指导，又注重个别辅导，利用课外时间给学生答疑解惑。

比如主题"勤"。要写好这一主题，一方面，应尽量将抽象的词语内涵具象化，过多直接的抒情，以喊口号的方式来强调"勤"的积极价值或是单纯、宽泛地说理，往往难以给人深刻的印象；另一方面，应尽量把"勤"的内涵放在当下的具体时代语境中来讨论，时代针对性是体现一篇文章的价值的重要评价标准之一，传统美德与社会现实相结合，才更彰显其价值。有了较为深刻的思考，有个学生想写篇微型小说，在构思时，他想虚构两个兄弟的故事，一个勤奋，一个懒散；一个厚道，一个自私，他设想以弟弟清苦的生活与哥哥安逸的梦境为对比开头，又以哥哥落魄的生活与弟弟小康的生活为对比结尾。这样开头与结尾相互照应，将"勤"带给人生的积极作用，用兄弟俩的命运变化来形象展示，于是写就了《豆腐坊》（刊发于《读写》）。本文还被"海峡语文网"公众号当作范文推送。无独有偶，当年高考作文要求写篇演讲稿，倡议大家"热爱劳动，从我做起"。劳动与"勤"有着密切关系，学生有了深刻的认识与思考，写起议论文也就一挥而就了。

王立根先生认为，没有思想深度，就无法审题。说古人很强调作文者自己的思想，并把它看作是作文的根本。作文立意的好坏，跟一个人的思想深度有关。所以关键是要锤炼自己的思想，让自己的思想活跃起来。[1] 这真是颇为深刻的见地。

写文章改文章，反复锤炼思想。

三、以读助写，读写结合

在指导学生写作时，笔者发现那些广泛阅读的学生往往能够更轻松地写出高质量的文章。

想要提高学生思想水平、认识能力，除了老师课内外讲解引导外，还应从内因上去激发，让学生主动地广泛阅读。因为阅读是提升写作的重要途径。王立根先生说："多读书，通晓事理，出言立意才能站得高，看得远，不同凡俗。"[2] 语文老师应发挥阅读上的引导作用，可开些阅读书籍给学生，小说诗歌散文均要涉及，寓言故事人生哲理等都要摄取，还有各种"闲书"，不要太注重作文技法，应当多注重阅读积累。总之，要多读经典作品，来提高思想水平，使自己见解深刻，"读书破万卷，下笔如有神"。还要充分利用网络信息，老师应加强对学生网上阅读指导，因为网络上的文章鱼龙混杂，对学生进行方向引导，不会利用网络学习的人不是个会学习的人，关键是怎么利用，如何学习其中有益的内容。读多了，肚内有墨，将让自己贫乏的思想和感觉变得丰富，就有文思，这就是以读助写。

有个学生对文言写作很感兴趣，连续写了两篇刊发于《读写》。[3]，韩信的故事吸引了一位同学，她写了《容与不容》发表于《读写》，

---

[1]　王立根. 作文智慧 [M]. 福州：福建人民出版社，2019:84.

[2]　王立根. 作文智慧 [M]. 福州：福建人民出版社，2019:80.

[3]　薛铭轩的《上善若水》刊发于《读写》2017年第9期D版，《说志》刊发于《读写》2017年第10期D版。

这就是以读助写的最好明证。没有阅读大量文言文，岂能熟练地用文言进行创作？没有掌握大量史料，哪能故事新编？

读而不思则罔，思而不写则殆。让学生在阅读中学习，在阅读中积累，在阅读中思考，在阅读中提高。读深读透，丰富思想，做一支有思想的芦苇。深思熟虑之后，把思考的东西写下来，学会表达自己的真实独特的感受，求真求善求美，这样读写结合，提升素养。

如要完成同题作文"学"，引导学生先从概念入手，区别"学"与"习"，查阅各种资料，厘清"学"与"习"之不同。学生将"学"界定为获得知识，钻研知识；"习"指不断温故，不断实践。读而思此二者之联系，悟到"学而践行，是学习之道"，于是一个学生就将孔子的"学而时习之，不亦说乎"作为她议论文的题目，再启发："学之重要性如何体现？""学有苦乐之分吗？"进一步思考：要学什么？仅仅有"学"够吗？如何与论点呼应？如何对"习"展开论述，使文章论证全面深刻？思而写，将自己的思维过程表达出来，这样写起议论文就一蹴而就了。

利用课堂进行读写心得的交流，在交流中碰撞思想的火花，互相启发，互相促进，共同进步。学生一起来分析自己文章的优缺点，讨论如何修改，取长补短，不断激发学生思维发展，点亮学生智慧，发现问题、解决问题能力随之提高。

四、读写结合，相得益彰

本文深入探讨了作文教学中的"文从改中来""不断锤炼思想"和"以读助写，读写结合"三个核心观点。这些理论不仅为写作教学提供了坚实的理论基础，还在实际教学中得到了充分的验证。通过修改文章，学生能够提升语言表达能力；通过锤炼思想，学生能够深化对主题的理解；通过读写结合，学生能够积累丰富的写作素材。

这些方法相辅相成，共同提升了学生的写作能力，实现了立德树人的教育目标。

高中记叙文：现状困境、体系与实践的提升

在高中语文教学中，记叙文写作是培养学生表达能力、思维能力和创造力的重要途径。《普通高中课程标准》的"课程目标"之一"增强形象思维能力"中强调："表达与交流中运用联想和想象，丰富自己对现实生活和文学形象的感受与理解，丰富自己的经验与语言表达。"这一要求不仅为记叙文写作提供了理论依据，也为高中语文教学指明了方向。然而，在实际教学中，记叙文写作教学仍然面临诸多挑战。本文旨在探讨如何建立高中记叙文写作知识体系，并通过有序、有效的写作实践，帮助学生提升记叙文写作能力。

一、记叙文写作的现状与挑战

（一）高考中的记叙文写作现状

在高考中，选择写记叙文的考生屈指可数，而能够写出优秀记叙文的学生更是凤毛麟角。这一现象引起了教育工作者的广泛关注。究其原因，主要有以下两个方面。

教师方面：教师在记叙文写作教学上存在极大的随意性和盲目性。教学目标不明确，缺乏系统的教学设想、教学要求以及检测手段。这种随意性和盲目性导致学生的记叙文写作能力无法得到有序有效的训练。

学生方面：学生没有得到有序、有效的记叙文写作训练，写作的积极性没有得到充分调动。许多学生对记叙文写作感到困惑，不知道如何下手，甚至对写作产生抵触情绪。

（二）记叙文写作的重要性

记叙文是通过叙述、描写等表达方式，反映丰富多彩的现实生活的一种文体。它不仅是学生表达个人感受和经历的重要方式，也是培养形象思维能力的重要途径。记叙文写作能够帮助学生：提升表达能力。通过记叙文写作，学生可以学习如何清晰、生动地表达自己的思想和感受。培养思维能力。记叙文写作需要学生进行逻辑思考和情感表达，有助于提升思维能力和创造力。增强文化素养。通过阅读和写作记叙文，学生可以更好地理解和传承优秀文化传统。

二、建立记叙文写作知识体系的具体内容

（一）了解文体特点

记叙文是指记人、叙事、写景、状物等类的文章。它以记叙为主，综合其他表达方式；以记人、叙事、写景、状物为主要内容；通过描述人物、时间及状物、写景来表达一定中心的文章。例如，鲁迅的《记念刘和珍君》通过记叙和描写，生动地展现了刘和珍君的形象，表达了作者对烈士的深切怀念和对反动派的强烈愤慨。

（二）记叙要点要明确

无论记人记事，还是写景状物，记叙文都需要交代清楚时间、地点、人物、事件、原因、结果等要素，否则文章就不完整。例如，在写一篇关于"我的高中生活"的记叙文时，学生需要明确这些要素，使文章内容更加丰富和完整。

（三）明确记叙的表达方式

记叙文以叙述和描写为主。叙述是记叙文的基本表达方式，它通过简洁的语言交代事件的经过；描写则通过生动的语言描绘人物、景物、环境等，使文章更加形象生动。例如，在《背影》中，朱自清通过细腻的描写，生动地展现了父亲送别自己的场景，使读者仿佛身临其境。

（四）写触动心灵的人和事

培养对生活的敏感：学生需要培养对生活的敏感度，积累日常生活中让人感动的东西，即积累写作素材。例如，教师可以引导学生观察身边的人和事，记录下那些触动心灵的瞬间。

发掘感动点：抓住细节，再现形象。细节描写是记叙文的重要组成部分，通过细节描写可以生动地展现人物和事件。例如，在写一篇关于"我的母亲"的记叙文时，学生可以通过描写母亲的外貌、动作、语言等细节，使母亲的形象更加生动。

理性思考：提炼素材，发掘主题、深化意蕴，写出启发或感悟。记叙文不仅仅是对事件的记录，还需要通过理性思考，提炼出文章的主题和意蕴。例如，在写一篇关于"成长"的记叙文时，学生可以通过对成长过程中经历的反思，提炼出成长的意义和价值。

整体构思：明确自己要写的是一件什么事，是怎样的一个人，想抓住哪一点展开叙述？整体构思是写作的重要环节，学生需要在写作前明确文章的中心思想和结构安排。

（五）写景要抓住特征

抓住景物的特点：注意写作顺序与文采。写景时，学生需要抓住景物的独特特点，按照一定的顺序进行描写，使文章条理清晰。例如，在写一篇关于"家乡的四季"的记叙文时，学生可以通过描写家乡四季的不同景色，突出家乡的美丽和独特。

写景时突出作者的主观感情：写景不仅仅是对自然环境的描写，还需要突出作者的主观感情。通过景物描写表达作者的情感，使文章更具感染力。例如，在《荷塘月色》中，朱自清通过描写荷塘的美景，表达了自己内心的宁静和对美好生活的向往。

（六）写人要凸显个性

写能表现人物个性的事：可概括写事，也可具体写事，做到点面结合。通过具体事件展现人物的个性，使人物形象更加鲜明。例如，在《我的叔叔于勒》中，莫泊桑通过具体事件展现了于勒的自私和虚伪，使人物形象跃然纸上。

善于绘声绘色：通过个性化的语言、肖像、动作、心理来表现人物个性。个性化描写是写人的重要技巧，通过生动的语言和细节描写，使人物形象更加生动。例如，在《范进中举》中，吴敬梓通过范进的语言、动作和心理描写，生动地展现了范进的迂腐和可笑。

（七）写事要有点波澜

设置悬念：通过设置悬念吸引读者的注意力，使文章更具吸引力。例如，在《项链》中，莫泊桑通过设置悬念，使读者对玛蒂尔德的命运产生好奇。

运用抑扬法：通过先抑后扬或先扬后抑的手法，增强文章的感染力。例如，在《我的叔叔于勒》中，莫泊桑通过先抑后扬的手法，展现了菲利普夫妇的虚伪和自私。

出乎意料法：通过出乎意料的情节转折，使文章更具戏剧性。例如，在《麦琪的礼物》中，欧·亨利通过出乎意料的情节转折，展现了主人公的无私和善良。

巧合、张弛、虚实法：通过巧合、张弛有度和虚实结合的手法，使文章更具艺术感染力。例如，在《警察与赞美诗》中，欧·亨利通过巧合和虚实结合的手法，展现了主人公的无奈和对生活的渴望。

（八）学习描写

描写要有明确目的：无论是景物描写、细节描写，还是人物的肖像、对话、行动、心理描写，都必须为表现人物的思想性格和作品的主题服务。例如，在《祝福》中，鲁迅通过祥林嫂的肖像描写，展现了她的悲惨命运。

描写要善于抓住特点：如"画眼睛"法。即写人要写出人的性格特点，写事要写出事件的本质，写景要写出对景的感情、个性。例如，在《孔乙己》中，鲁迅通过孔乙己的语言和动作描写，生动地展现了他的迂腐和善良。

描写要带有感情色彩：通过描写表达作者的情感，使文章更具感染力。例如，在《背影》中，朱自清通过描写父亲的背影，表达了对父亲的深情和怀念。

直接描写和间接描写：直接描写是直接对人物、景物进行描写，间接描写则是通过其他事物或人物来描写。例如，在《我的叔叔于勒》中，莫泊桑通过菲利普夫妇的反应，间接描写了于勒的处境。

白描和细描：白描是用简洁的语言进行描写，细描则是用细腻的语言进行描写。例如，在《孔乙己》中，鲁迅通过白描手法，生动地展现了孔乙己的形象。

环境描写（自然环境和社会环境），场面描写和人物描写（语言、外貌、动作、心理）：通过环境描写和场面描写，突出人物的性格和情感。例如，在《祝福》中，鲁迅通过环境描写和场面描写，展现了祥林嫂的悲惨命运。

写景衬托人物心情，写景点明时令、地点，写景表现人物关系，写景表现人物性格：通过景物描写衬托人物的心情，使文章更具感染力。例如，在《荷塘月色》中，朱自清通过景物描写，衬托了自己内心的宁静。

细节描写：通过细节描写展现人物的性格和情感，使文章更加生动。例如，在《背影》中，朱自清通过细节描写，生动地展现了父亲的爱。

（九）学习抒情

直接抒情和间接抒情：直接抒情是直接表达作者的情感，间接抒情则是通过描写、叙述等手法表达情感。例如，在《我爱这土地》中，艾青通过直接抒情，表达了对祖国的热爱。

要写出真情实感：抒情需要写出真情实感，使读者能够产生共鸣。例如，在《背影》中，朱自清通过真情实感的抒情，表达了对父亲的怀念和感激。

借景抒情和托物抒情：通过景物或事物表达情感，使文章更具感染力。例如，在《我爱这土地》中，艾青通过借景抒情，表达了对祖国的热爱。

运用排比、设问等修辞手法来加强气势：通过修辞手法增强文章的表现力和感染力。例如，在《我爱这土地》中，艾青通过排比手法，增强了文章的气势。

（十）学习选取记叙的角度

采用第一人称：让主要人物自述，让次要人物侧叙，让局外人旁叙；用第二人称：把读者置于叙述者对面，让读者旁观，面对写作对象；采用第三人称：全知视角；半知视角；借作品人物的视角等。

（十一）学习虚构

明确虚构的目的：虚构是为了更好地表达主题和情感，使文章更具艺术感染力。例如，在《项链》中，莫泊桑通过虚构的情节，展现了主人公的虚荣和命运的无常。

虚构要以真实为基础：使文章具有可信度。例如，在《我的叔叔于勒》中，莫泊桑通过真实的社会背景，虚构了于勒的故事，使文章更具现实意义。

（十二）安排线索

以人或物为线索：通过人物或事物贯穿全文，使文章结构更加紧凑。例如，在《背影》中，朱自清以父亲的背影为线索，贯穿全文，使文章结构紧凑，情感真挚。

以感情变化为线索：通过人物的感情变化贯穿全文，使文章情感更加丰富。例如，在《我的叔叔于勒》中，莫泊桑通过菲利普夫妇的感情变化，展现了他们的虚伪和自私。

（十三）其他内容

拟题：拟题要新颖、独特，能够吸引读者的注意力。例如，《我的叔叔于勒》这个题目就非常新颖，能够引起读者的好奇。

结构安排和过渡衔接：文章的结构要合理，过渡要自然，使文章条理清晰。例如，在《背影》中，朱自清通过合理的结构安排和自然的过渡衔接，使文章层次分明，情感真挚。

伏笔和照应：通过伏笔和照应，使文章结构更加严谨。例如，在《项链》中，莫泊桑通过伏笔和照应，使文章结构严谨，情节合理。

点题，深化主旨：通过点题和深化主旨，使文章主题更加突出。例如，在《背影》中，朱自清通过多次点题，深化了文章的主旨，表达了对父亲的怀念和感激。

记叙的顺序，即顺叙、倒叙、插叙、补叙：合理安排记叙的顺序，使文章条理清晰。例如，在《祝福》中，鲁迅通过倒叙手法，使文章情节更加紧凑，主题更加突出。

文采：文章要有文采，语言要生动、形象。例如，在《荷塘月色》中，朱自清通过生动的语言和细腻的描写，使文章具有很高的艺术价值。

详略安排：合理安排详略，使文章重点突出。例如，在《背影》中，朱自清通过详略安排，突出了父亲的背影，使文章情感真挚。

积累丰富的词汇：积累丰富的词汇，使文章语言更加丰富。例如，在《我爱这土地》中，艾青通过丰富的词汇，表达了对祖国的热爱。

三、通过写作实践，"消化"记叙文写作知识体系的内容

（一）写作实践，可以通过课文范例进行强化

叶圣陶先生早就说过："语文教材无非是个例子。"如果把阅读教学与写作教学截然分开，不仅肢解了语文教学的整体性，而且也使

学生失去一个有效"消化"写作知识的途径。许多高中课文具有典范性、权威性，它们在思路、技巧、表达方法等方面都具有指导意义。例如，《记念刘和珍君》的结构安排、人物形象塑造、结尾的深化方法，《烛之武退秦师》的简洁叙事、伏笔照应、起伏的情节设计等，都可以让学生不断积累记叙文的写作知识。通过学习这些范例，学生不仅能够提升写作能力，还能在写作中传承和创新文化。

（二）写作实践，还应结合具体"写作内容"进行

统编版教材中的学习任务群，以及人教版普通高中课程标准实验教材（2017年版）中为学生提供的"写作内容"——话题探讨，都可供学生参考。这些内容不仅为学生写作实践提供内容参照，而且也为"消化"记叙文写作知识提供了"土壤"。例如，教材中的"写触动心灵的人和事""写景状物""写人物传记"等任务，都可以帮助学生在实践中提升写作能力。

（三）写作实践，还应让学生有话可说

引导学生写作实践，除了要根据记叙文写作知识体系的相关内容外，关键的一点是让学生在写作时有话可说。那种随意布置一篇作文，写到哪就算到哪的训练手段必然是无效的，且不说它没有起到检验效果的作用，更重要的是无法激发学生的写作兴趣。为此，一是要引导学生做一个生活的有心人，关注生活，捕捉并积累生活中感人的东西；二是要针对学生的实际生活，让学生有话可说，从而使达到有效训练的目标。例如，高一的写作设计可以以月为单位，设置具体情境任务，引导学生写触动心灵的人和事，以"我的高中生活"为话题来写多篇文章。这样的设置写作内容，不仅让学生有内容可写，更重要的是让相关的写作知识得以有效训练和巩固。

（四）写作实践的具体方法

任务驱动：通过具体的写作任务，激发学生的写作兴趣和动机。

例如，设置"我的高中生活""给未来的自己写一封信"等任务，让学生有话可说。

情境创设：创设真实的情境，让学生在具体的情境中进行写作。例如，通过模拟演讲、书信交流等活动，增强写作的真实感和实用性。

多元评价：采用多元化的评价方式，不仅评价学生的写作结果，还评价写作过程和写作态度。例如，通过同伴互评、教师点评等方式，帮助学生发现写作中的问题并及时改进。

个性化指导：根据学生的实际情况，提供个性化的写作指导。例如，对于写作基础较差的学生，重点指导写作技巧；对于写作基础较好的学生，鼓励其进行创新性写作。

四、案例分析

案例一：《我的高中生活》

任务内容：写一篇记叙文，记录高中生活中的感人瞬间。

写作指导：

明确记叙要点。交代清楚时间、地点、人物、事件、原因、结果。

抓住细节。通过具体事件和细节描写，展现高中生活的丰富多彩。

情感表达。通过描写和抒情，表达对高中生活的感受和体会。

整体构思。明确文章的中心思想，合理安排结构，使文章条理清晰。

示例：

高中的生活如同一幅多彩的画卷，每一天都充满了新的挑战和惊喜。记得那是一个阳光明媚的早晨，我像往常一样走进教室，准备开始新的一天。突然，我发现座位上多了一张纸条，上面写着："加油，你可以的！"那一刻，我的心中涌起一股暖流，仿佛有一股力量在推动着我。这一天，我格外努力，不仅完成了所有的学习任务，还在课堂上积极发言，得到了老师的表扬。这张纸条虽然简单，但它却成为我高中生活中一个美好的回忆，激励着我不断前行。

案例二：《家乡的四季》

任务内容：写一篇记叙文，描绘家乡四季的美景。

写作指导：

抓住景物特点。注意写作顺序，突出景物的独特特点。

情感表达。通过景物描写，表达对家乡的热爱和怀念。

细节描写。通过具体的细节描写，使景物更加生动。

整体构思。明确文章的中心思想，合理安排结构，使文章条理清晰。

示例：

春天的家乡，是一幅生机勃勃的画卷。田野里，嫩绿的麦苗在微风中轻轻摇曳，仿佛在向人们诉说着春天的故事。小河边，柳树抽出嫩绿的枝条，随风飘舞，如同一位温柔的少女在梳理自己的长发。

夏天的家乡，是一幅热情奔放的画卷。烈日炎炎，蝉声阵阵，田野里弥漫着稻谷的清香。傍晚时分，人们三三两两地聚在树荫下，谈天说地，享受着夏日的清凉。

秋天的家乡，是一幅丰收的画卷。金黄的稻田里，农民们忙碌着，脸上洋溢着丰收的喜悦。果园里，苹果、梨子挂满了枝头，空气中弥漫着果香。

冬天的家乡，是一幅宁静的画卷。雪花纷飞，大地银装素裹，仿佛进入了一个童话般的世界。孩子们在雪地里打雪仗、堆雪人，欢声笑语回荡在空气中。家乡的四季，各有各的美，各有各的情，它们共同构成了我心中最美的风景。

总之，帮助高中生建立记叙文写作知识体系，并通过有序、有效的写作实践，是提升学生写作能力的重要途径。通过系统的学习和实践，学生不仅能够掌握记叙文写作的基本技巧，还能在写作中表达真实感受，发展个性化的写作风格。同时，写作实践能够帮助学生"消化"和"优化"写作知识体系的内容，使学生在实践中不断提升写作能力。总之，新课标下帮助高中生建立记叙文写作知识体系，并通过有序、有效的写作实践，我们完全有理由相信每一个高中学生都能写出一篇合格的记叙类文章。

高中议论文：以教促学、以学促教的新方案

高中语文教学的广阔领域中，议论文写作教学占据着举足轻重的地位。高中语文老师往往需要耗费教学时间的 25% 甚至更多，致力于引导学生掌握议论文写作的精髓。然而，现实的教学困境却如同一堵高墙，横亘在师生面前。学生们尽管在课堂上汲取了海量的写作技巧与表达知识，可一旦面对空白的稿纸，却尴尬地发现自己依旧无从下笔，培养语文核心素养仿佛成了遥不可及的空中楼阁。

从教师层面剖析，由于缺乏系统且精准的教学指导，许多老师在议论文写作教学中陷入迷茫，不知究竟该从何处发力。写作课常常沦为单纯的写作练习与范文展示，仅仅停留在表面的模仿，而未能深入传授写作技法，对于学生写作能力的深度培养更是力不从心。反观学生，他们深知议论文写作在高考语文成绩中的关键分量，犹如怀揣着一块沉重的石头，虽有心奋力提升，却无奈能力有限，只能机械地围绕几大热门话题反复操练，盲目地模仿范文，全然缺失个人的独立思考与独特观点。如此一来，课堂教学若仅仅局限于写作知识的灌输，而忽视针对学生具体问题的有效帮扶，那么当作文题目稍有变化，偏离了既定的训练范围，学生们便如同迷失方向的无头苍蝇，陷入深深的不知所措之中。

事实上，议论文教学理应遵循学生内在的学习规律，以切实提升学生的语文核心素养为导向，助力学生不仅学会写作，更能写得出彩。在此，结合自身教学实践，粗浅地分享在议论文写作教学中的几个关键教学环节。

一、分析学情，因 "疑" 施教

课堂的灵魂在于以学生为中心，写作课自然也不例外，必须紧密贴合学生的学习需求。在教学实践中，不难发现众多学生在写作时常常遭遇 "无话可说" 的尴尬境地。但须明确，这仅仅是表象，背后潜藏的成因纷繁复杂。以设计的"高中议论文写作问卷调查"结果为例，便能清晰洞察其中差异。城市孩子与农村孩子，由于成长环境、教育资源的不同，在写作兴趣的浓厚程度、写作技巧的掌握熟练度以及语言表达的流畅精准度上，均呈现出显著的差距；同样，性别因素也不容忽视，男生与女生在对写作的重视程度以及表达能力方面，仿若两条不同轨迹的线条，各自延伸。再将目光聚焦于不同年级，高一、高二、高三的学生，随着学习阶段的递进，面临的问题既有阶段性的独特标识，又存在贯穿始终的共性困惑。诸如在观点提炼环节，无法精准把握核心要义，导致立意模糊；例证选取时，储备匮乏，难以支撑论点；说理过程干瘪无力，缺乏深度与说服力；行文条理混乱，逻辑架构摇摇欲坠。

倘若教师对学生写作中的这些问题浑然不知，盲目地向学生灌输议论文知识，恰似在干涸的土地上撒播种子，不仅无法激发学生的写作兴趣，反而会将其微弱的热情火苗无情扑灭。若只是简单粗暴地布置写作作业，学生也只会敷衍了事，难以从根本上扭转写作困境。再者，若教师仅仅着眼于解决学生的共性问题，而对个体差异视而不见，必然会有部分同学对写作心生厌倦，在如何写好作文的迷茫中越陷越深。故而，教师务必做到心中有学生，既能高屋建瓴，解决面向全体学生的核心关键问题，又能俯下身子，给予个体学生个性化的悉心辅导，逐一扫除学生的写作障碍，为学生写作能力的稳步提升铺就坚实道路。

而对学生学情的精准把握，途径丰富多样。既可以凭借教师多年积累的教学经验，敏锐洞察学生的细微变化；也可依据学生在不同学段呈现出的阶段性特征，有的放矢；还可鼓励学生主动倾诉写作中的烦恼与困惑。当然，最为直接且有效的方式，当属从学生习作批改中挖掘问题。针对习作里频繁闪现的瑕疵与不足，明确下一次课堂教学的目标，如此有的放矢，方能迈出高中议论文写作教学坚实有力的第一步，也是最为根基性的一步。

二、确定目标，有"据"施教

一堂优质高效的写作教学课，离不开课前清晰明确的教学目标。教师在深入了解学生学情之后，应依据学情与议论文写作知识体系，分清轻重缓急，有条不紊地确定教学目标。

以高一下学期刚刚开启议论文学习之旅的学生为例，他们初涉议论文领域，对其充满陌生感，内心怀揣着对写作的恐惧，甚至不知从何处落笔。此时，教学的首要任务便是引领学生认识议论文的庐山真面目，掌握审题的要领，激发写作兴趣。在这一过程中，教师可采用多种积极肯定的方式，如给予鼓励性的分数，让学生在分数中感受到自己的点滴进步；在课堂上毫不吝啬地给予口头肯定，用温暖的话语滋养学生的写作信心，坚决杜绝打击批评，多施鼓励赞扬，让学生逐步克服"怕写"的心理障碍。

时光流转，步入高二上学期，经过一个学期的摸索，学生对议论文已有了初步的认知，但问题也接踵而至，写作不规范，审题如同雾里看花，立意随意散漫。此刻，教师的教学重点应转向引导学生学习撰写规范严谨的议论文，明晰议论文的核心要素，掌握精准审题立意的技巧。

待到高二下学期，写作的关键难点聚焦于如何使论证更加客观合理，论据更加丰富多元，文章结构更加条理分明。教师应倾囊相授论证方法，指导学生分类收集整理论据，鼓励学生向优秀范文取经，学习谋篇布局的条理逻辑。

历经前三个阶段层层递进的议论文学习打磨，大部分学生已然能够在规定时间内，顺利完成一篇结构完整的议论文。此时，步入高三的学生，即将面临高考的严峻考验，教学自然而然地进入应试训练阶段，针对高考题型展开专项特训。

需要注意的是，这仅仅是依据学生学段这一宏观学情所确定的学年大目标，在此基础上，教师还需根据学生日常写作反馈，精心雕琢每节课的小目标。例如在高二下学期论证方法教学过程中，教师若发现学生写作时偏爱空泛说理，缺乏事实依据的有力支撑，那么在课堂教学时，就应当示范如何在日常生活中收集素材，怎样对素材进行系统整理，以及写作时如何运用发散性思维，由一点拓展至多点，由现象深入本质。同时，鉴于学生之间客观存在的个体差异（正如前期调查所揭示的那般），教师还需量体裁衣，为个别学生量身定制专属小目标，给予一对一的精准指导。

三、组织课堂，多"法"施教

在议论文写作课堂的组织架构上，教师需具备十八般武艺，巧用各类 办法。如若每堂写作课都千篇一律地陷入写作、讲评的固定循环，学生势必会迅速陷入疲劳厌倦的泥沼。邓志伟教授曾深刻指出："在知识社会里，要在课程中既达成知识的完整性，又能够适应瞬息万变时代知识快速增长的变化，就必须使课程及其知识始终处于易于变化的状态中，即使课程具有灵活多变的特点。"那么，在议论文写作课的天地里，究竟有哪些行之有效的妙招呢？

（一）阅读

荣维东教授曾介绍过三个考察阅读与写作对于提高学生写作技能效果的实验研究，实验结果：多数情况下，多读相较于多写，更能为写作能力的提升赋能。审视当下高中生的写作困境，有限的人生阅历犹如狭小的井口，限制了他们的视野；科学课的强势挤占，使得文化课的学习空间被大幅压缩；再加之个人兴趣的偏好、学习环境的差异等诸多因素影响，高中生写作能力整体偏低。在这样的背景下，如果教师不能给予学生充足的阅读时间，提供丰富多元的阅读材料，学生写作时必然陷入无话可说的窘迫境地。阅读，如同为写作注入源源不断的活水，让学生在文字的海洋中汲取灵感，积累素材，涵养文采，为写出佳作筑牢根基。

（二）微课

写作微课程，是在既定目标引领下精心组织的系列相关活动，它恰似一把精准的钥匙，能够完美契合学生对写作知识个性化学习、按需选择学习的需求。科学研究表明，学生注意力集中的黄金时段在 10分钟以内，而一堂长达 45 分钟的传统写作课，极易让学生的注意力如脱缰之马，游离于课堂之外。此时，微课视频的登场，便能巧妙化解这一难题。通过播放微课视频，学生能够在短时间内，清晰透彻地领悟某一知识点、某一写作技法，近距离窥探他人独特的观点与深邃的思考，进而拓宽视野，激活思维，为写作水平的进阶助力。

（三）注重写作情境

钟启泉教授曾言，学习是主动的建构，具有社会互动特征，兼具主观性与个别性，更蕴含情意特征。写作学习，尤其依赖情境化学习环境。写作，本应是真情实感的自然流露，倘若教师不能充分调动学生积极思考问题，不能引导学生设身处地地剖析问题，不能鼓励学生畅所欲言地表达想法，那么这堂课无疑是失败的。近年来，高考作文命题趋势愈发凸显对写作情境的重视，着重引导学生关注写作者自身的身份、听众的身份以及讨论的核心话题，让学生在特定情境中，写出贴合情境、富有深度的佳作。

四、积极评价，激 "情" 施教

在评价学生作文的漫长实践中，不少高中教师习惯于扮演 "挑刺者" 的角色，热衷于给低分，满心期望学生能借此发现自身写作问题，进而重视写作课，强化写作练习。然而，现实却事与愿违，低分评价与满分作文示范，如同两场冰冷的骤雨，无情地打击了学生写作的信心与积极性。在缺乏鼓励的学习环境中，学生极易滋生 "破罐子破摔" 的消极心态。

钱梦龙老师早年任教时，接手了一个 "学差班"，班上初二学生的写作水平仅相当于小学生。钱老师深入了解学情后，为新学期的第一节作文课精心确定教学目标 —— 规范写作格式，要求题目居中、文章分段、段首空两格、句末用句号。作文上交后，钱老师对符合要求的写作作业给予 80 分，若学生在此基础上做到没有错别字，则打 90 分，倘若还能做到表达流畅，便毫不吝啬地给出 100 分。学生们看到分数时，惊愕不已，觉得不可思议。钱老师耐心解释道，作文既然符合本节课的教学要求，自然应当肯定同学们在本节课上的努力成果。学生们深受鼓舞，为日后逐渐掌握写作技巧奠定了坚实的心理基础。

心理学研究表明：为孩子设定一个 "跳跳就能摘到" 的目标，更能激发孩子坚持长期学习的动力。倘若写作教学评价一味求全责备，追求完美，全然不顾及不同学段学生的特点以及个体之间的差异，只会让更多孩子在写作之路上丧失信心。从近年来福建省高考作文评价标准中，我们也能窥探出端倪，评卷员更倾向于对考生作文中的优点给予加分，而非揪住作文中的缺点大肆减分，充分肯定学生限时做题的艰辛不易，包容学生作文的青涩不成熟。

因此，教师在日常习作评判时，不妨以本节课的教学目标为核心评判点，敏锐捕捉学生在每一次训练后的点滴进步，积跬步以至千里。相信历经三年的磨砺，到高三时，定能惊喜地见证学生写作能力的全方位飞跃。

　　教师对学生的积极评价，绝不应仅仅局限于习作打分这一狭小范畴，还应全方位渗透到课堂教学的每一个瞬间、师生课后交流的每一个细节。摒弃简单粗暴的批评，诸如"离题""不及格""无条理""不理性""基础差"等伤人话语，转而依据学生课堂表现，真诚肯定他们的每一分努力与每一次进步。

　　语文核心素养导向下的写作教学，绝非单纯的知识传授，其核心要义在于能力的精心培育，这也注定了写作教学之路荆棘丛生，困难重重。写作教学旨在精准满足学生写作学习过程中的具体需求，着力改进学生写作过程中存在的某一具体问题。通过深入分析处理复杂多变的学情，明确细致入微的教学目标，精心设计丰富多彩的写作活动，并将最为关键的知识巧妙镶嵌其中，而非让学生机械学习大量脱离具体情境的静态写作知识。在课堂教学的每一刻，教师都应心怀学生，站在学生的立场换位思考，用温暖有力的肯定与积极向上的评价鼓舞学生，让学生满怀信心，脚踏实地，一步步攀登写作能力的高峰。唯有如此，高中议论文写作教学方能突破困境，真正实现有效性提升，助力学生在语文学习的广阔天地中自由翱翔。

　　在未来的教学实践中，教师还需不断探索创新，结合时代发展的脉搏与学生的新需求，持续优化议论文写作教学的各个环节。例如，随着信息技术的飞速发展，如何巧妙利用线上资源拓展学生的阅读视野、丰富写作素材；如何借助智能教学工具，为学生提供更加个性化、精准化的写作指导；如何引导学生关注社会热点，将时代精神融入议论文写作之中，使文章更具深度与现实意义。这些都是值得深入思考与实践的方向，等待着广大教育工作者去开拓进取，为高中议论文写作教学注入源源不断的活力，让学生在写作中展现才华，提升素养，迎接未来的挑战。

总之，语文核心素养下写作教学不仅是知识的传授，更是能力的培养，这也就决定了其教学难度一定很大。写作教学旨在满足学生写作学习过程中的具体需求，改进学生写作过程中存在的某一具体问题，通过分析处理复杂的学情，明确具体的教学目标。有效的写作教学应该是精心设计的写作活动，然后将最关键的知识镶嵌其中，而不是让学生学习大量脱离具体情境的静态的写作知识课。课堂教学上老师心中时时有学生，站在学生的立场，用肯定积极的评价鼓励学生，让学生满怀信心，一步步去实现写作能力的提升。

参考文献：

[1] 邓彤. 微型化写作教学研究 [M]. 上海：上海教育出版社，2018.

[2] 施方良. 课程理论——课程的基础、原理与问题 [M]. 北京：教育科学出版社，1996.

[3] 叶黎明. 语文科写作教学内容研究 [M]. 上海：上海师范大学出版社，2007.

问道课堂：课例设计与教学创新的双向赋能

第三部分

课堂，是教学的主阵地，是教师与学生共同成长的舞台。本章节以"问道课堂"为切入点，通过对课例的剖析反思，展现经典文本在教学中的创新应用与双向赋能。本章节也以课题实景为核心，通过具体的课堂评析，展现教学智慧在实践中的启迪与升华。从文言文阅读，到乡土文化的教学尝试，从经典课文的公开课评析，到吟咏诗韵的教学示范，深入剖析每一堂课背后的教学理念与实践策略。这些评析不仅是对教学过程的回顾与反思，更是对教学智慧的挖掘与提炼。

　　通过经典叩问，我们希望为学生打开一扇通往经典的大门，借助"问道课堂"，希望为教师提供丰富的教学参考，助力他们在教学实践中不断探索、创新。以真实的课堂教学实践，陪伴学生心智的健康成长。

《烛之武退秦师》教学设计及评析

执教者：蔡勤

教学评析：林育 （福州二中）

【教学目标】

1.语言建构与运用：积累文言实词、虚词和特殊句式，提高文言文阅读能力。品味烛之武的言辞，学习其语言表达的技巧和艺术。

2.思维发展与提升：分析烛之武的论辩思路和策略，培养逻辑思维和批判性思维能力。

3.审美鉴赏与创造：欣赏文章的叙事艺术和人物形象塑造，感受古代文学的魅力，培养高尚的审美情趣和价值观。

4.文化传承与理解：了解《左传》的历史价值和文学地位，传承中华优秀传统文化，增强文化自信和民族自豪感。

【教学重点】

分析烛之武的外交辞令，学习其劝说技巧。

【教学难点】

理解文中人物形象的复杂性和历史意义。

【教学方法】

诵读法、问题引导法、情境教学法。

【教学过程】

一、导入新课

"上兵伐谋，其次伐交，其次伐兵，其下攻城。"

"一言之辩，重于九鼎之宝；三寸之舌，强于百万之师。"

蔺相如用他的外交智慧，消解了秦王抢夺和氏璧的野心，完璧归赵；诸葛亮舌战群儒，促成了孙刘联盟，共抗曹军；烛之武用他的三寸之舌，劝退了攻打自己国家的秦军。今天我们一起学习《烛之武退秦师》，赏析烛之武的语言艺术。

二、初读课文

教师范读课文，要求学生边听边注意字音、节奏和语气。重点强调"氾（fán）南""佚（yì）之狐""夜缒（zhuì）而出"等易错字音。

学生自由朗读课文，初步感知文意，圈出难以理解的字词和句子。

三、解题

烛之武：主要人物，郑国大夫。烛地名武的人。

退：使……退，使动用法。

秦师：交代对象，秦国的军队。

四、文本研读

（一）整体感知

思考：本文主要围绕标题中的哪个字展开？引发怎样思考？依据这个字可以把文章分为几个部分？

明确："退"字。

起因：秦晋围郑——为何退？

发展：烛之武临危受命——谁去退？

高潮：烛之武退秦师——如何退？

结局：秦晋退兵——退之果？

（二）深入探究

问题一：你从第一段的叙述里读出了哪些隐藏信息？

1.写出形势紧迫："晋侯、秦伯围郑"，两大国围一小国，郑国危在旦夕——兵临城下，形势严峻。

2.写出围郑原因："以其无礼于晋，且贰于楚"，两事与晋利害相关，和秦利害关系不大——秦可以争取。

3.写出驻军位置："晋军函陵，秦军氾南"，分兵驻扎——郑有机会单独与秦接触。

问题二：烛之武临危受命，他一开始的态度如何？后来为什么又答应了？

明确：烛之武一开始以"臣之壮也，犹不如人；今老矣，无能为也已"为由推辞，表现出对之前未被重用的不满。但郑伯的自责和诚恳请求，以及国家面临的生死存亡危机，让烛之武最终以国家利益为重，答应出使秦国。

问题三：第二段一共提到哪几个人物？从这件事看出这几个人物什么样的形象？

明确：佚之狐、郑伯、烛之武。佚之狐有识人智慧，且与烛之武私交甚好；郑伯态度诚恳，勇于自省；烛之武深明大义，以大局为重。

问题四：烛之武是如何说服秦伯退兵的？请结合他的说辞进行分析。

明确：

1.以弱示之。烛之武先以"秦、晋围郑，郑既知亡矣"示弱，以退为进，消除秦伯的戒心。

2.析以利害。接着从地理位置分析，指出"越国以鄙远，君知其难也"，说明灭亡郑国对秦国无益；然后以"邻之厚，君之薄也"点明晋强则秦弱的利害关系。

3.以利相诱。"若舍郑以为东道主"至"君亦无所害"——向秦穆公阐明舍郑的好处。

4.挑起宿怨。最后又以"许君焦、瑕，朝济而夕设版焉"为例，揭示晋国的贪婪和不可信，暗示秦国与晋国合作的危险性。

5. 警以后患。"夫晋，何厌之有？""既东封郑，又欲肆其西封，若不阙秦，将焉取之，阙秦以利晋，唯君图之"——的确这样，"阙秦以利晋"这一点对秦伯最有撼动力的。晋国目前是为了得到郑国，但是它有吞并秦国的野心，甚至是兼并天下，"一山不容二虎"，秦国绝不能让晋得逞。

总结：烛之武的说辞共 125 个字，抓住了"利""好"2 个核心字，先示弱，再利诱，最后离间，环环相扣、步步深入、引经据典、动之以情，从秦国的利益出发，最终说动了秦伯。

问题五：烛之武劝退秦师之后，晋国也退兵了，为什么？如何理解晋文公所说的"仁""知""武"？

明确：晋文公以"不仁、不知、不武"3 个理由退兵。

"不仁"——历史情谊：秦国帮助重耳登上晋文公的宝座，去袭击秦国，不仁义。

"不知"——外交局势：因此而丧失秦国这一强大的盟友，不明智。

"不武"——用兵之道：用分裂代替团结，不合乎用兵作战的原则。

三、赏析人物

思考：烛之武以个人之力挽救国家于危亡之际，请同学们归纳烛之武的形象。

1. 深明大义的爱国志士。

2. 知难而上、义无反顾的勇士。

3. 口若悬河、巧言善辩的辩士。

四、分析本文说辞特点

1. 情节波澜起伏。

2. 伏笔和照应。

3. 详略得当。

五、课堂总结

本文是《左传》中较为突出的一篇文章，运用详略得当的写作方式记录了一场巧妙化解的危机，塑造了一个深明大义、知难而上、义无反顾和口若悬河、巧言善辩的辩士、勇士、爱国志士形象。

六、课后作业

以"烛之武之我见"为题，写一篇300字左右的短文，表达你对烛之武的认识和阅读本文的感受。

《烛之武退秦师》教学设计评析

《烛之武退秦师》是《左传》中的经典篇章，展现了烛之武在国家危难之际挺身而出、以智慧化解危机的故事。蔡勤老师的教学设计以培养学生的核心素养为目标，通过多种教学方法和精心设计的教学环节，引导学生深入理解文本，提升语文能力，同时也促进了学生心智的全面发展。

一、教学目标与核心素养

教学目标明确且全面，涵盖了知识与能力、过程与方法、情感态度与价值观三个维度。知识与能力目标注重文言文基础知识的积累和文言语感的培养；过程与方法目标通过诵读和问题引导，提升学生的语言表达和逻辑思维能力；情感态度与价值观目标则通过烛之武的故事，培养学生的爱国情怀和智慧应对困境的能力。这些目标不仅符合语文课程标准的要求，还体现了学科核心素养的培养，如语言建构与运用、思维发展与提升、审美鉴赏与创造以及文化传承与理解。

二、教学重难点与教学方法

教学重点和难点的设置合理，突出了对文意的理解和烛之武劝说艺术的分析。通过反复诵读和问题引导，学生能够逐步深入理解文本，掌握文言文的阅读技巧。教学方法多样，包括诵读法、问题引导法和情境教学法，这些方法相互配合，既激发了学生的学习兴趣，又培养了学生的自主学习能力。

三、教学过程与心智成长

教学过程设计科学合理，从导入新课到文本研读，再到人物赏析和课堂总结，层层递进，环环相扣。导入环节通过引用名言和历史故事，迅速吸引了学生的注意力，激发了他们的学习兴趣。文本研读部分通过一系列精心设计的问题，引导学生深入思考，培养了学生的逻辑思维和批判性思维能力。例如，通过分析烛之武的说辞，学生不仅学会了如何从文本中提取信息，还理解了其背后的逻辑和策略。

在促进学生心智成长方面，教学设计尤为注重。通过对烛之武在国家危难之际挺身而出的爱国精神的讨论，学生能够体会到责任与担当的重要性。同时，通过分析烛之武的劝说艺术，学生学会了如何在复杂情境中运用智慧解决问题，这种能力的培养有助于学生在日常生活中更好地应对各种挑战，促进心智的成熟。

四、教学效果与改进建议

从教学效果来看，学生不仅掌握了文言文的基础知识，还提升了语言表达和逻辑思维能力。通过对烛之武形象的分析，学生的情感世界得到了丰富，爱国情怀得到了升华。然而，教学设计仍有改进空间。例如，可以增加更多小组讨论和角色扮演的环节，让学生在互动中进一步提升思维能力和表达能力。此外，可以结合现代多媒体资源，如历史纪录片或动画，增强教学的直观性和趣味性。

总之，蔡勤老师的《烛之武退秦师》教学设计通过明确的教学目标、多样的教学方法和科学的教学过程，不仅帮助学生深入理解了文本，还促进了学生心智的全面发展。这种教学设计为语文教学提供了宝贵的借鉴，展现了语文教学在培养学生综合素质方面的独特价值。

《登柳州城楼寄漳汀封连四州》教学设计及评析

执教者：蔡勤

教学评析：林育 （福州二中）

【教学目标】

1.了解柳宗元生平及创作背景，诵读诗歌，初步感受诗中"愁思"的情感基调；学习诗歌中借景抒情、象征、融情于景等艺术手法，赏析意象的深层含义。

2.通过联想与想象、文本细读、背景联系等方法，分析诗歌情感与艺术特色；通过诵读指导，体会诗歌韵律与情感变化。

3.体会诗人因政治挫折、友人离散、孤独绝望等引发的复杂愁思，理解诗歌中蕴含的悲悯情怀，培养对古典诗歌的审美能力和人文关怀。

【教学重点】

掌握借景抒情、象征、融情于景等艺术手法在诗歌中的具体运用，通过诵读体会诗歌情感基调，感受"愁思"的层次性。

【教学难点】

理解"愁思"的多重成因（政治迫害、贬谪之痛、音书阻隔等）及其在诗歌中的融合表达，深入体会诗中"绝望""哀凄"等复杂情感。

【教学方法】

问题导学法、知人论世法、意象分析法。

【教学过程】

一、导入新课

在漫长的中国文化画卷中，登高成为文人们表达情感的一种途径。登上高处，诗人面对广阔、宏大的景象，当下人之渺小与景之宏大形成强烈对比，常引发个体对于生命的体悟和愁情。例如：陈子昂登上蓟北楼（幽州台），发出"念天地之悠悠，独怆然而涕下"慷慨悲吟，杜甫在重阳节登高，看到苍茫的秋江景色，继而发出"万里悲秋常作客，百年多病独登台"，这样对于自身命运的感叹。我们刚在第二单元中学习到的杜甫登上岳阳楼，面对浩瀚无边的洞庭湖，因景生情，感叹"亲朋无一字，老病有孤舟"的悲壮。今天我们要学习的也是一首登高之作，柳宗元的《登柳州城楼寄漳汀封连四州》。

二、题解入诗

诗歌的题目读起来有些长，我们一起来看一看从题目中我们能够得到哪些信息？

作者所在之地柳州，漳汀封连四州指的是漳州、汀州、封州、连州，结合注解，能够知道这首诗，作者要写给在漳州、汀州、封州、连州当刺史的韩泰、韩晔、陈谏、刘禹锡。

他们和作者是什么样的关系呢？可能同学们会猜想，他们是同事、好友，是知己，我们大家仔细看课下注释，会发现他们5人一同遭受贬谪，所以作者这首诗是要写给和他一起同生死、共患难的兄弟、挚友。诗歌的题目是我们解读诗歌的第一步，由诗题或许我们可能联想到或许作者要抒发的情感是他怀才不遇的愤恨，是这样吗？一切我们还是要回到诗文，用文本来回答。

三、入诗品愁

在正式进入诗歌学习之前，我们先来看一看，编者写在诗歌前的阅读提示："愁"是此诗的情感基调，像苍茫的大海，像曲折的江流，弥漫全诗，但你是否知道，作者的愁思因何而起？

思考：

1. 从哪些诗句读到了"愁"？作者又是如何表现愁的呢？（这里的如何表现其实就是问诗歌创作的手法）

2. 作者的愁思因何而起？

3. 本单元的主题是"因声求气，吟咏诗韵"，如何从诵读中感受这样时而像苍茫的大海，时而像曲折的江流的愁？

请同学们一边跟读名家诵读，注意诗歌朗读的节奏，一边找出你从诗句中读到的愁。

问题一：从哪些诗句读到了"愁"？作者又是如何表现愁的呢？

首联："城上高楼接大荒，海天愁思正茫茫。"

在第一联中，作者直接写到了"愁思"。诗人登上高楼看到的是一片荒野无涯之景色，极其空旷，极尽荒寂。面对着空旷的荒野，诗人触景生情，心中愁思茫茫，如海如天，无边无际。

手法：借景抒情。诗人以茫茫海天来喻"愁思"，写出愁思什么样的特点？其实描绘"忧愁"的诗句，我们学过很多，例如上节课我们学习了李煜《虞美人》，诗中的千古名句大家还记得吗？"问君能有几多愁，恰似一江春水向东流"——李煜《虞美人》

李煜的《虞美人》以春水喻愁写出了愁的绵长不尽，愁的汹涌浩荡。

在本诗中不仅从时间上写出愁思之长，更细腻地从空间上写出了忧愁的无边际，忧愁之深，忧愁之强烈，一种从上而下、铺天盖地之感。而"正"字，尤其凸显了作者此刻内心愁情的汹涌奔腾。与其说诗人是立于高楼之上。不如说他其实是立于无边无际的愁思之中。虽是千家言愁，但是却演绎出愁之百态，需要我们仔细品读才能解其中味。头两句一出，立刻将全诗笼罩在浓重的愁思气氛之中，沉郁之感油然而生，也为全诗定下了感情基调。

颔联："惊风乱飐芙蓉水，密雨斜侵薜荔墙。"

　　诗句描写了夏天狂风暴雨的景象。这样狂风暴雨的景象作者是如何表现的呢？我们找到修饰"风""雨"意象的词语，"惊""乱飐""密""斜侵"。"惊"风是一种什么样的风？我们可以运用想象，一匹受惊的马，会出现不受控制的狂奔的状态，联系到诗句中则体现这个"风"不受控制地呼啸，作者以拟人的方式写出了"风"的凶猛狂暴，"乱飐"就是乱吹，这个"乱"加剧了风不受控制，写出了"风"的狂横。

　　"密"写出了雨势之大，"斜侵"写出大雨带来的力量感。我们仔细看这个"侵"字，"侵"似乎和狂风暴雨很难联系上。我们一般在什么样的场合用"侵"这个字呢？侵犯，一种敌我状态，而回到诗歌中，我们似乎感受到文中体现"惊风""密雨"和"芙蓉""薛荔"呈现的是一种"敌我"立场，"薛荔"就是藤蔓性的植物，我们可以联想爬山虎。整句诗歌读起来有一种疾风骤雨之强，芙蓉与薛荔显得柔弱无助，孤立无援的感觉。

　　沈德潜《唐诗别裁集》："惊风密雨，言在此而意不在此。"

　　思考："惊风""密雨"特指什么？

　　联系背景：

　　805 年，唐德宗李适死，太子李诵（顺宗）即位，改元永贞，重用王叔文、柳宗元等革新派人物，但由于保守势力的反扑，仅 5 个月，"永贞革新"就遭到残酷镇压。王叔文、王伾被贬斥而死，革新派的主要成员柳宗元、刘禹锡等 8 人分别谪降为州司马。这就是历史上所说的"二王八司马"事件。

　　直到唐宪宗元和十年（815）年初，柳宗元与韩泰、韩晔、陈谏、刘禹锡等 5 人才奉诏进京。但当他们赶到长安时，由于保守派的阻挠，朝廷又改变主意，竟把他们分别贬到更荒远的柳州、漳州、汀州、封州和连州为刺史。

　　明确：柳宗元是革新派人物，可是"永贞革新"在短短的 5 个月，因为保守势力的反扑而结束，柳宗元也因此被贬永州。10年后柳宗元奉诏回京却再一次因为保守派的阻挠，被贬柳州。诗人的两次被贬都是因为保守势力的干预，由此回到诗歌，颔联两句表面写的是南方特有的疾风骤雨现象，实际上"惊风""密雨"象征着凶残的敌对势力，暗示当时险恶无情的政治环境。

思考：芙蓉与薜荔象征着什么？

引导：沈德潜《唐诗别裁集》："柳州诗长于哀怨，得《骚》之馀意。"通过柳宗元的诗歌我们能够感受到《离骚》的一些意味。《离骚》中有一种表现手法：香草美人喻，即以鲜花、香草来比喻品行高洁的君子；以臭物、萧艾比喻奸佞的小人。例如："制芰荷以为衣兮，集芙蓉以为裳。""罔薜荔兮为帷。"

明确：芙蓉与薜荔这些鲜花香草，象征着美好高洁的品德，作者借芙蓉薜荔遭到风雨摧残，暗示着革新派那些正直有为之士遭到的残酷打击与迫害。

手法：象征。根据事物之间的某种联系，借助某人某物的具体形象（象征体），以表现某种抽象的概念、思想和情感。特点以象征物凭借联想来暗示象征意义。因而给读者丰富的想象空间，显得委婉含蓄而耐人寻味。象征手法其实我们并不陌生，苏轼《定风波》："回首向来萧瑟处，归去，也无风雨也无晴。""风雨"象征生命中的困难与厄运。古诗词中有些意象反复使用，有了固定的象征义，比如诗歌中的"四君子"梅、兰、竹、菊。

颈联："岭树重遮千里目，江流曲似九回肠。"

作者站在城楼上远眺，放眼高耸的山岭、繁密的树林，遮挡住了视线，使他望不到和他生死与共的挚友，亦或是千里之外的京城，不禁黯然伤神。再俯视城下的柳江，那曲曲折折的江流，恰似自己百转的愁肠。诗句融情入景，将自己仕途的失意，对友人的思念融入山岭树木之中，洒满了曲折的江流。可在作者忧郁的眼中，山岭、树木、江水，无一不是忧愁的化身。

手法：融情于景。王国维在《人间词话》中提到"以我观物，故物皆着我之色彩"。所以这个时候作者心中这种浓浓的愁绪已经把它融入眼前所看到的景物之中，其实我们看岭树，不就是密密层层的树林吗？江流本来就是弯弯曲曲。作者把自己浓浓的愁绪融入本身没有色彩的景色之中。比如说，你登上武夷山看九曲溪，我们可能会感叹大自然的鬼斧神工，可是在柳宗元的眼中却是九曲回肠的愁。所以我们把首联和颈联放在一起来看。

明确：首联"城上高楼接大荒，海天愁思正茫茫。"借景抒情——因景而生情，重在景的烘托。

颈联"岭树重遮千里目，江流曲似九回肠。"融情于景——依情入景物，重在情的抒发。

依情入景，说明作者所看到的景色其实是他内心的映射。由此看来，颈联的愁绪让我们感受到愁绪更加的浓重。

尾联："共来百越文身地，犹自音书滞一乡。"

咱们一同被贬到这南方少数民族居住之地，山重水复，莫说相见时难，就连寄出一封书信都不容易。满腔的思念，满腔忧愁，竟找不到人诉说，这是何等的痛苦与孤独！

这样一信难寄的愁情通过哪个字最能体现呢？

"滞"，滞留，我和挚友的书信被阻隔在这百越之地，写出了地处偏远与前诗的"大荒""重重岭树"所呼应，但也是柳宗元人生命运的停滞。诗句写到这里结束了，可是诗人那浓浓的愁思并未因此结束，却在这里凝结，郁结的情绪在作者的心中无法排解。

手法：直接抒情。至此，可以看出，诗人心中真是"愁"茫茫，"思"茫茫。读到这里我们再回顾阅读提示当中提到的作者的愁思"弥漫全诗"这4字评价，应该有更深的感触。

问题二：诗人的愁思因何而起？

敌对势力打击迫害的怨恨；国家的忧虑；被贬荒地的幽怨；与友人同在南方却音讯不通的孤寂。重重"愁思"笼罩全文，情感悲凄酸楚。

问题三：本单元的主题是因声求气，吟咏诗韵，如何从诵读中感受这样时而像苍茫的大海，时而像曲折的江流的愁？

登柳州城楼寄漳汀封连四州

柳宗元

城上 / 高楼 / 接 / 大荒，海天 / 愁思 / 正 / 茫茫。

惊风 / 乱飐 / 芙蓉水，密雨 / 斜侵 / 薜荔墙。

岭树 / 重遮 / 千里目，江流 / 曲似 / 九回肠。

共来 / 百越 / 文身地，犹自 / 音书 / 滞一乡。

朗读指导：

七言律诗一般有四个节拍"二二二一"或"二二一二"。

诵读的节奏快慢、声调高低、重读轻读随着诗歌的情感变化而变化。这首词的整体情感基调是无限悲凄绝望。诵读时语调要低沉、慢速。

首联：诗人登上高楼眺远，句声要渐强，读出节奏；后句因景生愁，陷入茫茫愁思包围中，思绪渐远，故声音要渐弱，表达愁思之浓郁情绪的"正茫茫"宜放慢语速。

颔联："惊风乱飐"和密雨斜侵"语速稍快"突出疾风骤雨带来的紧迫感。

颈联：作者将浓郁的愁情入景，前句读出沉郁之感，重读千里目和九回肠，声音要延长突出愁思绵绵不尽萦绕其中。千里目重音上扬，九回肠拖长强调。

尾联：前句加强吐字力度，音调上扬，后句诗人情感转入隔绝音讯不通的无奈，语气减弱，滞一乡适当延长，体现情绪的凝结。

请同学们跟着老师朗读一遍。

小结：通过诵读，我们再一次感受到整首诗笼罩在浓浓愁思的巨网之中，但每一联所表现得层层叠叠，将愁苦悲愤如海水涌潮般一层层展现出来，让我们深陷这沉郁悲古的愁思之中。

四、知人解愁

回到诗歌的题目，我们来看这个作者所处之地"柳州"对于柳宗元意味着什么。或许大家会想到这是柳宗元的被贬之地，那必然是失意之地，失意到什么程度？我们通过一首诗来直观感受。

诏追赴都二月至灞亭上

柳宗元

十一年前南渡客，四千里外北归人。

诏书许逐阳和至，驿路开花处处新。

皇帝下诏书要他回到京城。结合前面的背景知识，我们知道柳宗元第一次被贬到永州，一贬就是10年，现在赶赴京城。我们看诗句"驿路开花处处新"我们可以想象他此刻的心情高兴的、激动的，内心充满了希望。但是回去之后没多久就被贬了。柳州对于他而言，是一贬再贬之地，作者来到柳州心境上经历了从大起到大落，大喜到大悲，从希望到绝望。这样大悲与绝望之感在他处于柳州时期创作的诗歌中有非常明显的呈现：

"今朝不用临河别，垂泪千行便濯缨。"《衡阳与梦得分路赠别》

"不知从此去，更遣几时回。"《再上湘江》

"从此忧来非一事，岂容华发待流年。"《岭南江行》

"欲知此后相思梦，长在荆门郢树烟。"《别舍弟宗一》

"如何望乡处，西北是融州。"《登柳州峨山》

《衡阳与梦得分路赠别》这流不尽的泪水便足以濯缨洗冠，可见愁情之深。谢榛评价这一句是"至怨至悲。"《再上湘江》踏上不知道归期的路程？《岭南江行》从诗句中我们可以感受到贬谪到柳州，处处、时时、事事都令他极度凄楚哀伤。《别舍弟宗一》和《登柳州峨山》尽显远在荒地柳州，对故土，思归不能回；对亲人，望而不能见的凄楚之感。

柳宗元 26 岁入仕，41 岁去世。为官 21 年，贬谪生活 14 年。其中永州 10 年，柳州 4 年后去世。柳宗元也被称为柳柳州，诗歌创作主要集中在永州时期和柳州时期，虽都是被贬，但诗歌呈现不同特点。柳宗元谪居永州，还有出游的雅兴，比如我们熟悉的《江雪》中那个"孤舟蓑笠翁，独钓寒江雪"遗世独立的孤傲形象。这个时候他还期盼着能得到朝廷的"宽恕"，有朝一日回朝任用。但是，当他被贬柳州，他对自己回京一展政治宏图的想法彻底绝望了，柳州时期的诗歌中更多表现得是绝望和凄凉。从永州到柳州，柳宗元人生道路可以说越走越艰难，他身上的悲剧色彩也越来越浓厚。反映到他的诗歌创作中，诗歌情感也从激愤、苦闷转向哀凄、绝望。

永州时期：忧伤、激愤、苦闷。

柳州时期：绝望、哀凄、幽怨。

通过对于柳宗元柳州时期的诗歌情感的更深层次的探析，也更能理解为什么《登柳州城楼寄漳汀封连四州》全诗都沉浸在浓浓的愁思之中，让我们带着对柳宗元更深的理解，课下请同学们把诗歌多朗读几遍，感受诗人传达的茫茫愁情。

《登柳州城楼寄漳汀封连四州》教学设计评析

《登柳州城楼寄漳汀封连四州》的教学设计是一份精心编排的语文教学方案，充分体现了对诗歌教学的深度理解和对学生学习能力的重视。

从教学目标来看，设计者明确了知识与技能、过程与方法、情感态度与价值观3个维度。首先，通过了解诗人背景和诵读诗歌，让学生初步感受诗歌中的愁思，为深入理解奠定了基础。其次，运用联想和想象赏析意象，学习诗歌艺术手法，这一目标的设定有助于培养学生的审美能力和思维能力。最后，引导学生说出"愁思"之因，体会诗人的情感，这不仅有助于学生深入理解诗歌，更能引发学生的情感共鸣，培养学生的同理心和人文素养。

在教学过程方面，设计者采用了导入新课、入诗品愁、知人解愁等环节，层层递进，引导学生逐步深入诗歌。导入环节通过回顾文人登高抒怀的传统，自然引出本课内容，激发了学生的学习兴趣。在"入诗品愁"环节，设计者通过细致的文本分析，引导学生从诗句中寻找"愁"的表现，探讨作者如何运用借景抒情、象征、融情于景等手法来表达愁思。这一过程不仅让学生体会到了诗歌的意境美，还培养了学生对文本的细读能力。此外，通过联系背景解读"惊风""密雨"等意象，让学生理解了诗歌的深层含义，体现了语文教学中知人论世的教学理念。

"知人解愁"环节则进一步深化了学生对诗人情感的理解。通过介绍柳宗元的生平经历和柳州时期的其他诗歌，让学生了解到诗人的人生遭遇与诗歌情感的紧密联系。这一环节不仅丰富了学生的文学知识，更让学生感受到了诗人内心的痛苦与挣扎，从而更好地理解了诗歌中"愁"的根源。这种由浅入深的教学设计，符合学生的认知规律，有助于学生逐步构建对诗歌的完整理解。

在语文教学中，诗歌教学是培养学生心智的重要途径。诗歌以其独特的艺术魅力和深刻的情感内涵，能够激发学生的想象力和创造力。在本教学设计中，通过对诗歌意象的赏析和情感的探讨，学生不仅能够感受到诗歌的美，还能体会到诗人的情感世界。这种情感的体验和共鸣，有助于学生形成积极向上的人生态度和价值观，从而在潜移默化中促进学生心智的成长。

此外，教学设计还注重了诵读环节的指导。通过明确的节拍划分和情感表达要求，学生能够在诵读中更好地体会诗歌的韵律美和情感美。这种诵读指导不仅有助于学生理解诗歌，还能提高学生的语言表达能力和语感。同时，教学设计还提供了丰富的背景资料和相关诗歌，为学生提供了更广阔的学习空间，有助于学生拓展知识面，提升文学素养。

总体而言，《登柳州城楼寄漳汀封连四州》的教学设计是一份优秀的教学方案。它不仅注重了诗歌教学的知识传授和情感体验，还通过合理的教学环节设计，引导学生逐步深入文本，培养学生的语文素养。在语文教学中，这样的教学设计能够有效地陪伴学生心智成长，帮助学生在文学中获得情感的滋养和思维的提升。

"杜甫诗歌阅读"教学设计与评析

执教者：蔡勤

教学评析：林育　（福州二中）

【教学目标】

1. 掌握杜甫诗歌的创作背景及核心情感，学会"置身诗境，缘景明情"的鉴赏方法，了解杜甫不同时期诗歌的创作风格差异（如豪放、沉郁、忧国忧民等）。

2. 学习通过文本细读分析诗歌意象、手法及情感内涵。对比阅读、背景联系等方法，深入解析诗歌主题与艺术特色。

3. 结合高考题型训练，提升诗歌鉴赏与答题能力。

【教学重点】

分析杜甫多首诗歌的意象、手法及情感表达，了解杜甫"忧国忧民""怀才不遇"的复杂情怀。对比分析杜甫不同时期（如青年豪情、中年忧愤、晚年哀叹）的诗歌风格变化。

【教学难点】

高考诗歌阅读题应立足于文本进行诗歌鉴赏的解题思路。

【教学方法】

文本细读法、对比讨论法、高考真题训练法。

【教学过程】

引入：杜甫创作了《望岳》《石壕吏》《茅屋为秋风所破歌》《春夜喜雨》《登高》《秋兴八首》等名作。杜甫共有约 1500 首诗歌被保留了下来。杜甫有"致君尧舜上，再使风俗淳"的宏伟抱负。

一、学习赏析《蜀相》

蜀相

杜甫

丞相祠堂何处寻，锦官城外柏森森。

映阶碧草自春色，隔叶黄鹂空好音。

三顾频烦天下计，两朝开济老臣心。

出师未捷身先死，长使英雄泪满襟。

问题一：杜甫在诗中颔联和尾联高度概况了诸葛亮的平生功业。杜甫抒发了对诸葛亮怎样的情感？

雄才大略——敬仰、仰慕

事业未竟，壮志未酬——感叹、痛惜

问题二：这种情感在前两联中是如何体现的？

设问句式：丞相：更能体现出诗人对诸葛亮的崇敬、仰慕之情。

寻：因思其人，诗人特意去找，有目的地专门"寻访"武侯祠，表现出诗人对诸葛亮的崇敬、仰慕之情。

柏森森："森森"，高大茂密的意思。以"柏"衬托蜀相诸葛亮的形象，表达出诗人对蜀相的崇敬之情。

"自"和"空"："自"是"兀自"的意思，"空"是"没有"的意思。碧草照映台阶春意盎然却没人欣赏，黄鹂婉转的歌声也没有人听。武侯祠寂寥冷清，只有诗人形单影只、孤寂伤怀。这两句景中含情，情景交融，表达了诗人对世事变迁的感慨和对武侯功业被人遗忘的惋惜之情。

作者寓情于景，以乐景写哀情，表现了心中的感伤。

问题三：诸葛亮为何"泪满襟"？

出师未捷身先死。（诸葛亮曾 6 次北伐中原。而后他统军占据了五丈原，与司马懿隔着渭水相持 100 多天。8 月，病死军中。）

诸葛亮的一生，他有一流的才智，得到刘备的一番赏识，建立了一世的功业，怀着一腔的忠心，付出了一生的辛苦，在一统天下的大愿几乎可以实现的时候却因病逝于五丈原而最终未能完成大业，只能泪满襟。

问题四：自古英雄多情泪。诗人借武侯之事，想要表达什么呢？杜甫由诸葛亮观己，分别寄托着怎样的情感呢？

首先我们来看看作者写这首诗歌的背景。

这首诗歌创作于 760 年，当时正值安史之乱，唐肃宗宠信宦官，排斥功臣，百姓生灵涂炭，田园荒芜，唐王朝处于风雨飘摇中，诗人流落蜀地，寄人篱下，困厄穷途，政治上的理想彻底落空，家事、国事均忧心忡忡，苦闷彷徨。目睹国势艰危，生灵涂炭，而自身又请缨无路，报国无门。因此诗人对开创基业、挽救时局的诸葛亮，无限仰慕，倍加敬重。这一时期，他创作了一系列赞扬诸葛亮的诗篇，《蜀相》为其中最著名的一首。

面对诸葛亮，诗人寄托了怎样的情感呢？他从诸葛亮身上和他自身的际遇中想到了什么呢？

可见这英雄泪中，有杜甫对诸葛亮的崇敬仰慕的叹惋情，也有对自己壮志未酬的苦痛情。

清代邵子湘在对三、四联的评价中就曾说"自始至终，一生功业心事，只用四语括尽，是如椽之笔"，称赞杜甫的笔力雄健，擅长概括。

二、杜甫与"泪"相关两首诗赏析

杜甫的诗风是"沉郁顿挫"。他的诗常里常含着"泪"，那是不是全部是英雄泪呢？背后还有没有暗含其他的情怀呢？

月夜

杜甫

今夜鄜州月，闺中只独看。

遥怜小儿女，未解忆长安。

香雾云鬟湿，清辉玉臂寒。

何时倚虚幌，双照泪痕干。

身在被叛军占领的长安城，望月思家，想到自己的美丽的妻子，"未解母亲忆长安" 的年幼儿女，想到夜深露重妻子的乌发为露水浸湿，月光如水，妻子如玉的臂膀可受寒？想到不知何时夫妻才能团圆，可依偎共赏月华而流泪。

《月夜》这首诗借看月而抒离情，但所抒发的不是一般情况下的夫妇离别之情。"独看"的泪痕里浸透着天下乱离的悲哀，"双照"的清辉中闪耀着四海升平的理想。字里行间，时代的脉搏是清晰可辨的。所以在这首诗中我们还可以读到一颗忧虑国事的赤诚之心。本诗创作于756年，安史之乱（755—763）期间。

这"泪"所表现的，一是对月怀人，牵挂妻儿，期待团圆的情感；二是对月抒怀，沉浸着对天下离乱的哀伤；三是从小家到大家，为国忧虑的赤诚之心。

将对国家的大情大爱书写在对妻子的小情小爱中，浑然天成，一诗三意，真不愧为千古诗圣！

悲陈陶

杜甫

孟冬十郡良家子，血作陈陶泽中水。

野旷天清无战声，四万义军同日死。

群胡归来血洗箭，仍唱胡歌饮都市。

都人回面向北啼，日夜更望官军至。

译文：十月里，西北十郡那些良家子弟的鲜血流成了陈陶斜的泽国水乡。原野空旷，苍天清远，停息了战声，四万义军在同一天里慷慨阵亡。那些胡寇归来时，箭上还在滴血，仍然高唱胡歌，狂饮在长安市上。京都百姓转头往北方痛哭流涕，日夜盼望官军早来到退敌。

本诗创作于756年，写的是唐肃宗陈陶之战。诗人为西北十郡那些鲜血流成了陈陶斜的泽国水乡的良家子弟而流泪，为日夜盼望官军早来到退敌安邦的京都百姓而流泪。这"泪"，让我们读到了一颗怜惜百姓之心。此外，还能读出诗人对胡人的痛恨之情，以及期待官军，忧虑国事的赤诚之心。

教师小结：分析这些诗歌，我们发现这些泪有挂念妻儿的愧疚之心、怜惜百姓的博爱之心、壮志难酬之心等。此外，每一滴"泪"的背后，有一个共同点：都还暗含着一颗忧虑国事的赤诚之心。因此，每次说到杜甫，我们自然而然想起杜甫"沉郁顿挫"的诗风，忧国忧民的情怀。那么，当高考考杜甫的诗歌，会怎么考呢？

三、高考中出现过杜甫的诗歌

2016全国高考课标二古诗阅读题：

丹青引赠曹将军霸① （节选）

先帝天马玉花骢②，画工如山貌不同。

是日牵来赤墀③下，迥立阊阖④生长风。

诏谓将军拂绢素，意匠惨淡经营中。

斯须⑤九重真龙出，一洗万古凡马空。

① 曹将军霸：即曹霸，唐代著名画家，官至左武卫将军。

② 玉花骢：唐玄宗御马名。

③ 玉花骢：唐玄宗御马名。

④ 阊阖：传说中的天门，这里指宫门。

⑤ 斯须：一会儿。

曹霸是盛唐时期著名的画马大师，安史之乱后，潦倒漂泊。唐代宗广德二年（764），杜甫和曹霸在成都相识，杜甫十分同情曹霸的遭遇，写下了这首《丹青引赠曹将军霸》。第5、6句是真实画面，第7句是主观画面情境。

8.如何理解曹霸画的马"一洗万古凡马空"？曹霸是怎样做到的？请简要分析。

【答案】第一问：曹霸所画玉花骢神奇雄俊，如飞龙跃出，其他人画的"凡马"在此马前都不免相形失色。（在诗中找出描写马的特征的词语即可）

第二问：曹霸先凝神构思，苦心布局，然后落笔挥洒，顷刻间一气呵成。（考查人物形象，到诗中找出作画的准备，及作画时的状态）

9. 为了突出曹霸的高超画技，诗人做了哪些铺垫？请简要分析。

【答案】①画工如山貌不同：写曹霸要画的马已有众多画工画过，但画的都不成功，强调此马的雄俊非凡手可得。造成此马难画的印象；②迥立阊阖生长风：写真马昂头站立，给人万里生风之感，进一步点出画家要捕捉住此马的神采尤其不易。（这是考查表达技巧，表达技巧有三个层面的内容：修辞方法、表现手法、篇章结构。但题中已经指出是"铺垫"，属于篇章结构。所以难度就降低很多，学生只要能够读懂诗歌，找到写曹霸画技的内容，那么前面都应是铺垫的内容；只要考生正确理解诗歌内容就能够写出答案）

一、二句写先帝的御马玉花骢，众多画师都描摹过，却各有不同，无一栩栩如生。为后面描写曹霸画马的过程做铺垫，与曹霸笔下的骏马形成对比，烘托出曹霸画技的高超。三、四句写，玉花骢牵至阊阖宫的赤色台阶前，扬首卓立，神气轩昂。"生长风"写出了真马的雄峻神气，作为画中马的有力陪衬，进一步烘托曹霸的高超画技。五、六句写玄宗即命曹霸展开白绢当场写生，曹霸当即独运匠心、细心构思，而后淋漓尽致落笔挥洒。时间之短暂，烘托技艺之高超。

考题特点：长诗节选。"事件"简单，"考点"突出。考点重在对文本理解，要求学生真正读懂诗句并进行合理推断。

四、杜甫作品的丰富性

望岳

杜甫

岱宗夫如何，齐鲁青未了。造化钟神秀，阴阳割昏晓。
荡胸生曾云，决眦入归鸟。会当凌绝顶，一览众山小。

作者24岁创作于736年。这首诗通过描绘泰山雄伟磅礴的景象，热情赞美了泰山高大巍峨的气势和神奇秀丽的景色，流露出了对祖国山河的热爱之情，表达了诗人不怕困难、敢攀顶峰、俯视一切的雄心和气概，以及卓然独立、兼济天下的豪情壮志。

江畔独步寻花（其六）

杜甫

黄四娘家花满蹊，千朵万朵压枝低。

留连戏蝶时时舞，自在娇莺恰恰啼。

《江畔独步寻花》创作于 761 年，是杜甫在饱经离乱之后，寓居四川成都西郊浣花溪畔草堂写的七首绝句。此时的诗人暂时有了安身的处所，感到很满足。时值春暖花开，有赏心乐事，于是他写这组诗。

绝句

杜甫

两个黄鹂鸣翠柳，一行白鹭上青天。

窗含西岭千秋雪，门泊东吴万里船。

这首诗创作于 762 年。诗人写草堂的春色。全诗对仗精工，着色鲜丽，动静结合，声形兼具，四句诗宛然组成一幅咫尺万里的壮阔山水画卷。表面上写的是优美的景物，实际上体现了作者"穷则独善其身 达则兼济天下"的境界。门泊"万里之船"言下之意，接自己出山的船已经停泊在家门口了，万里船更隐含了学有所成、要去纵横天下的意味导向。

（四）杜甫于 746 年初到长安，写下《饮中八仙歌》。用纯用漫画素描的手法写下当时号称"酒中八仙人"的李白、贺知章、张旭等八人。诗中写他们的平生醉趣，充分表现了他们嗜酒如命、放浪不羁的性格，生动地再现了盛唐时代文人士大夫乐观、放达的精神风貌。因此，杜甫是个现实主义诗人，但他也有狂放不羁的一面。

由此可见，杜甫在年轻时满怀豪情，在成都寓居时流连于江畔美景，在安史之乱时忧国忧民……他有面对现实的愁苦，亦有狂放的豪气。诗人在人生不同阶段诗风可能是不一样的，即使是同一阶段不同诗歌中表达的情感也不可能是完全一致的。我们不能按照既往套路化的知识来理解作品的诗歌，而应该独立地直接地阅读诗歌文本本身，用心体会诗歌意蕴的具体性和独特性。根据诗歌的文本，结合试题进行答题，才能达到满意的结果。

《杜甫诗歌阅读》教学设计评析

《杜甫诗歌阅读》教学设计由闽江师专教科所的蔡勤老师精心设计，旨在通过杜甫的经典诗歌，引导学生深入理解诗歌内涵，掌握鉴赏方法，并体会杜甫的忧国忧民情怀。这一教学设计不仅注重知识的传授，更在促进学生心智成长方面发挥了重要作用。

一、教学目标与心智成长

教学目标明确指出，学生需要通过《蜀相》的学习，学会"置身诗境，缘景明情"，并理解杜甫的忧国忧民情怀。这一目标的设定不仅关注学生的知识获取，更注重培养学生的审美能力和情感共鸣能力。通过引导学生从诗歌的景物描写中体会诗人的情感，学生能够学会如何从细节中捕捉情感，这种能力的培养有助于学生在日常生活中更加敏锐地感知他人的情感，增强同理心，促进情感心智的成熟。

二、教学内容与心智成长

教学内容围绕杜甫的多首经典诗歌展开，涵盖了不同风格和情感。

通过对《蜀相》《月夜》《悲陈陶》等诗歌的深入分析，学生不仅能够理解杜甫诗歌的丰富性，还能体会到诗人面对不同情境时的情感变化。这种多样化的学习内容能够拓宽学生的视野，使他们认识到复杂多变的情感世界，从而促进心智的全面发展。

在《蜀相》的教学中，教师通过设问句式、景物描写等细节引导学生体会诗人对诸葛亮的崇敬与惋惜之情。这种对细节的深入剖析，培养学生对文本的深度解读能力，锻炼了学生的逻辑思维和分析能力。同时，通过对诗歌创作背景的介绍，学生能够将诗歌与历史背景相结合，理解诗人的情感寄托，这种跨学科的学习方式有助于学生形成综合思维能力，促进心智的成熟。

三、教学方法与心智成长

教学方法上，蔡勤老师采用了讲授法与讨论法相结合的方式。在讲授过程中，教师通过详细的背景介绍和情感分析，引导学生逐步深入理解诗歌内容；在讨论环节，学生积极参与，发表自己的见解，锻炼了表达能力和思维能力。这种互动式教学方法不仅激发了学生的学习兴趣，还培养了他们的自主学习能力和批判性思维。

例如，在探讨杜甫诗歌中的"泪"时，教师引导学生分析《月夜》和《悲陈陶》中"泪"的不同情感内涵，学生通过讨论发现，这些"泪"背后不仅有对家人的牵挂，还有对国家命运的忧虑。这种深入的讨论不仅加深了学生对诗歌的理解，还培养了他们从多角度思考问题的能力，促进了心智的成长。

四、教学效果与心智成长

从教学效果来看，学生通过本节课的学习，不仅掌握了诗歌鉴赏的基本方法，还对杜甫的诗歌风格和情感内涵有了更深入的理解。学生能够从不同角度分析诗歌，表达自己的见解，这表明他们的思维能力和表达能力得到了显著提升。同时，通过对杜甫忧国忧民情怀的体会，学生的情感世界也得到了丰富，增强了对社会责任感的认识。

例如，在分析《丹青引赠曹将军霸》时，学生能够通过文本细节理解曹霸画技的高超，并分析出诗人通过对比和铺垫手法来突出主题。这种对文本的深入理解和分析能力的提升，不仅有助于学生在考试中取得好成绩，更在日常生活中培养了他们对艺术的鉴赏能力和对美的追求，促进了心智的全面发展。

总之，"杜甫诗歌阅读"教学设计通过精心设计的教学目标、丰富多样的教学内容和互动式教学方法，不仅帮助学生深入理解了杜甫的诗歌，还促进了学生心智的全面成长。这种教学设计为语文教学提供了宝贵的借鉴，展现了语文教学在培养学生综合素质方面的独特价值。

《大雁归来》教学设计与评析

执教者：蔡勤

教学评析：林育 （福州二中）

【教学目标】

1. 了解大雁的生活习性与品格，理解作者笔下大雁的象征意义。

2. 学习通过圈点勾画、分析语言（如修辞手法、抒情议论结合等）把握文章主旨的方法。

3. 理解作者利奥波德的生态伦理观，探讨人与自然的和谐关系。

【教学重点】

品味文中融记叙、抒情、议论于一体的语言特点，体会作者对大雁的深情与生态关怀。

【教学难点】

将抽象生态伦理观（如"共同体"概念）与具体文本细节（如大雁迁徙的描写）关联分析。

【教学方法】

任务驱动法、比较阅读法、读写结合法、实践活动。

【教学过程】

本课围绕"了解生活习性，认识大雁品格""体会作者情感，理解作者观点"安排教学。引导学生从征雁为题材的古代诗歌进入学习，自主阅读课文，整体把握文章内容，借助圈点勾画的方式，了解大雁的品格；品味文中融记叙、抒情、议论于体的语言。学会适当地借鉴作者的写法，表达自己的阅读感受。

一、导入

和学生一起回忆含有"雁"的诗词：征蓬出汉塞，归雁入胡天。——王维《使至塞上》；乡书何处达，归雁洛阳边。——王湾《次北固山下》；千里黄云白日曛，北风吹雁雪纷纷。——高适《别董大》；塞下秋来风景异，衡阳雁去无留意。——范仲淹《渔家傲》；月黑雁飞高，单于夜遁逃。——卢纶《塞下曲》

二、教学过程

让学生了解，古人很早就知道大雁是随着季节南徙北归的候鸟，也了解它们迁徙路上的种艰辛与危险。

同学们已经读过这篇课文，你们阅读过程中是否有疑惑呢？哪位同学来说说。

任务一：默读课文，圈画关键语句，把握内容，了解大雁品格。

活动：大雁北归的过程，作者记录得细腻生动，朗读课文，从下面所给的角度中任选其一，完成对大雁品格的梳理。

法：圈画描写大雁的语句，说说这些语句传递出作者笔下的大雁具有怎样的品格。

总结：坚定执着、友好热情、有灵性、忠诚、有联合观念等。

阅读链接材料，结合课文内容，说说大雁有着怎样的品格。

链接材料：

1.禽类中雁为最义，生有定偶，丧其一，终不复匹。——（清）黄钧宰《金壶七墨》

2.雁有人道，人以为挚，故从人。——（清）段玉裁《说文解字注》

示例：材料 1 是文章第 7、8 两段内容的补充，是对大雁"忠诚"的性格的诠释。

中国人概括出大雁仁、义、礼、智、信的品格。

任务二：品味细腻的描写，体会作者的情感。

1. 一只燕子的来临说明不了春天，但当一群大雁冲破了三月暖流的雾霭时，春天就来到了。

明确：大雁是春天真正的使者，带来生机、希望、喜悦。"冲破"一词用得好，写出了速度、力度与"回归"的勇气。

2. 它们顺着弯曲的河流拐来拐去，穿过现在已经没有猎枪的狩猎点和小洲，向每个沙滩低语着，如同向久别的朋友低语一样。它们低低地在沼泽和草地，上空曲折地穿行着，向每个刚刚融化的水洼和池塘问好。

明确：运用拟人手法；3月大雁的轻松与快乐；作者见大雁归来轻松愉快的心情。

3. 一触到水，我们刚到的客人就会叫起来，似乎它们溅起的水花能抖掉那脆弱的香蒲身上的冬天。

明确：写出了美好的情景；作者对大雁归来的喜悦之情；大雁拟人化：它们涧起的水花让香蒲乃至万物摆脱冬日严寒，迎来春天。

4. 返回的雁群，不再在沼泽上空做试探性的盘旋，而像凋零的枫叶一样，摇晃着从空中落下来，并向下面欢呼的鸟儿们伸出双脚。那接着而来的低语，是它们在论述食物的价值。

明确：运用比喻、拟人的修辞；描写大雁熟悉环境之后的欢快情形；作者对大雁喜爱之情。

5. 自更新世以来，每年3月，从中国海到西伯利亚，从幼发拉底河到伏尔加河，从尼罗河到摩尔曼斯克，从林肯郡到斯匹次卑尔根群岛，大雁都要吹起联合的号角。

明确：大雁的迁徙是极有规律且地域辽阔；运用拟人、排比的方法，从时间之久和范围之广两个角度说明大雁联合的神奇。

6. 在这种每年一度的迁徙中，整个大陆所获得的是从3月的天空洒下来的一首有益无损的，带着野性的诗歌。

明确：诗意化表达出大雁回归的意义；运用比喻，把 3 月迁徙的大雁比喻成一首诗歌；总结全文，画龙点睛，富有象征意韵。

问题：用如此细腻文笔写大雁的作者是谁呢？知人论世，作者创作背景是什么呢？

利奥波德（1887—1948），美国著名林业学家、生态学家、科普作家，现代环境保护主义的先驱，被誉为美国"生态伦理之父"。1908 年毕业于耶鲁大学林学院，后长期在美国国家森林局任职，1933 年任威斯康星大学野生动物管理学教授，1935 年在威斯康星州买下"沙乡农场"。从农场生活的经历中，他写出了主要著作《沙乡年鉴》。这部著作融哲理与文学于一体，蕴含了丰富的生态哲学观，被称为"美国资源保护运动的圣书"，是一部关怀人类在自然家园的命运和万物在人类社会中的命运的博爱之书。

任务三：深入解读文市，理解作者的观点。

1.《大雁归来》中的"我们"文中出现了十多次"我们"这个词，其中多处做定语，如第 4 段最后一句"我们的大雁"。思考一下这里的"我们"能否去掉？

"我们"不能去掉。这一词语能表现作者对大雁的亲切与喜爱，把大雁当做成自己家庭中的一员。

2. 以下文字体现作者怎样的观点？

历史不曾预料到，大国将会在 1943 年的开罗会议上发现一个各国的联合体。然而，大雁的这种联合观念已经有很长时间了。每年 3 月，它们都要用自己的生命来为实现这个基本的信念做赌注。

理解：人类为停止日本侵略行径进行国与国之间的联合。

作者赞美大雁。大雁是联合的先驱，以生命做赌注实现联合观念。

3. 作者在《土地伦理》中写道：土地应该被看成一个由相互依赖

的各个部分组成的共同体，人只是共同体中的一个普通成员和公民。"如何理解？

土地伦理是要把人类在共同体中以征服者的面目出现的角色，变成这个共同体中的平等的一员和公民。它暗含着对每个成员的尊敬，也包括对这个共同体本身的尊敬。

活动探究：福州能看到大雁吗？

1.闽江河口湿地是鸿雁越冬区的南限，每年有超过500只鸿雁越冬，11月开始，鸿雁陆续到来，12月迎来大部队，次年1月份越冬种群基本到达，2月底集体北归。2022年12月9日共记录鸿雁156只。2023年12月30日，共记录鸿雁145只。

2.目前已知亚洲鸿雁迁徙路线有两条，分别为内陆迁徙路线和沿海迁徙路线，内陆迁徙路线的种群，主要从蒙古、俄罗斯和中国东北部繁殖地飞越黄河流域，到达长江漫滩，聚集在鄱阳湖和升金湖越冬。沿海迁徙种群非常小，主要在俄罗斯繁殖，沿着海岸线向南迁徙，部分留在朝鲜半岛，部分继续向南来到我国沿海地区越冬。

北美的大雁通常会沿着美国东海岸向南迁徙，经过加拿大和墨西哥湾；而欧洲的大雁则会沿着地中海沿岸向南迁徙，穿越阿尔卑斯山脉和其他地理障碍，这些迁徙路线的选择受到了地球自转、风力和地形等因素的影响。

任务四：整市书阅读推荐

本文选自《沙乡年鉴》，在这本书中，作者曾说："把人类在地共同体中以征服者的面目出现的角色，变成这个步共同体中的平等的一员和公民。"结合文章内容，小组讨论：作者对人与动物的关系有着怎样的思考？

引导学生理解作为生态学家的作者是在人与大雁的种关系中来看大雁的，他把大雁看作是"共同体"中的一个平等的成员，在共同体中，所有成员应该相互尊重。"历史不曾预料到，大国将会在 1943 年的开罗会议上发现一个各国的联合体。然而，大雁的这种联合观念已经有很长时间了。""联合"不仅仅是指大雁的迁徙，更是在迁徙过程中的相互包容与融合，既是大雁与大雁的，也是大雁与人类的，是动物与人类的。

三、布置作业，任选一个完成。

1. 仿照第 9 段中的观察方法——倾听，观察自己喜欢的一种小动物，写一段观察手记。（120 字左右）

2. 自主阅读《沙乡年鉴》的其他章节，用表格或思维导图的方式呈现自己最喜欢的章节的内容。

3. 利用假期到闽江口进行观鸟活动。

《大雁归来》教学设计评析

一、总体评价

《大雁归来》是一节以生态文学为核心、融合科学知识与人文关怀的语文课。教案设计紧扣文本特色，以"大雁"为切入点，通过任务驱动、跨学科整合、实践活动等多元方法，引导学生从"了解大雁品格"到"感悟生态伦理"，最终指向"人与自然和谐共生"的价值观培养。整体设计目标明确、层次清晰，兼具语言训练与思维提升的双重功能，体现了新课程理念下"工具性与人文性统一"的语文教学要求。

二、教学设计亮点分析

（一）文化浸润与科学认知的有机融合

1. 古诗导入，激活文化积淀

教案以王维、王湾等诗人的"雁"意象开篇，通过古诗联诵与意象讨论，将学生带入"征雁"的文化语境。这一设计不仅唤醒学生对传统文化的记忆，更通过对比利奥波德笔下的大雁形象，自然引出"文学抒情"与"科学观察"的双重视角，为后续文本解读奠定基础。

2. 联系材料，深化品格认知

教案引入清代《金壶七墨》《说文解字注》中对大雁品格的评价，结合课文内容梳理"仁、义、礼、智、信"的品格体系。这种跨时代、跨文本的对比阅读，既强化了学生对大雁形象的理解，又渗透了中华传统文化中"以物喻德"的思维方式。

（二）语言品析与生态哲思的深度结合

1. 修辞手法与情感体验并重

通过逐句分析拟人、比喻等修辞手法，引导学生体会作者对大雁的深情。例如，"向沙滩低语""像凋零的枫叶"等句的赏析，既训练了语言敏感度，又揭示了利奥波德"自然拟人化"背后的生态平等观。

2. 抽象理论与现实案例的迁移

教案将《土地伦理》中的"共同体"概念与福州闽江湿地大雁迁徙案例结合，通过数据对比（如2022年与2023年鸿雁数量）、迁徙路线分析，引导学生思考生态保护的具体实践。这种"从文本到现实"的迁移设计，有效化解了生态伦理观的抽象性。

（三）分层任务链，提升思维深度

1. 四个任务（梳理品格→品味语言→探究观点→实践反思）层层递进，从信息提取到批判性思考，符合"记忆→理解→应用→创造"的认知规律。例如，任务三中"我们的大雁"一词的讨论，引导学生从语言细节窥见作者的身份认同，体现了"小切口、深挖掘"的教学智慧。

2. 实践活动，强化知行合一。"观鸟活动""生态保护方案设计"等作业，将课堂学习延伸至课外实践，体现了"做中学"的理念。尤其是结合福州本地案例的探究，能激发学生的乡土认同感与生态责任感。

三、改进建议

1. 多媒体资源的精细化使用。建议截取片段（如大雁群飞镜头）与文中"联合的号角"段落对比观看，直观感受文字与影像的互文性。

2. 数字化工具的融入。可尝试使用 AI 写作工具辅助仿写练习，提升语言训练的趣味性。

四、总结

《大雁归来》的教案设计体现了"以文载道、以文化人"的语文教育理念，成功将语言训练、文化传承与生态教育融为一体。其核心启示在于：

1. 跨学科整合是深化文本解读的有效路径，通过链接古诗、科学、伦理学等多领域资源，能打破学科壁垒，培养复合型思维。

2. 现实关联是化解抽象理论的关键，本土案例、实践活动等设计，使生态伦理从"概念"转化为"行动"。

3. 学生主体地位需贯穿始终，通过开放式问题、合作探究、技术赋能等手段，激发学生的主动性与创造性。

未来教学中，可进一步探索"线上＋线下"混合式学习模式，利用虚拟现实（VR）技术模拟大雁迁徙场景，或通过社交媒体发起"保护大雁"倡议活动，使语文课堂真正成为连接文本、生命与社会的桥梁。

《水调歌头·明月几时有》教学设计与评析

执教者：蔡勤

教学评析：林育 （福州二中）

【教学目标】

1.理解《水调歌头·明月几时有》的文学价值及情感内涵，掌握词中关键意象（如"月"）和修辞手法（设问、双关、拟人等）。

2.通过比较阅读（如《记承天寺夜游》），分析苏轼不同时期作品中的"月光"意象及情感差异。

3.感悟苏轼"透彻了悟"的哲理思想，体会其面对人生困境的乐观豁达，启发学生以积极心态面对现实挑战。

【教学重点】

1.分析《水调歌头》中"月"的意象及情感表达，掌握词人心理变化的4个阶段。

2.通过比较阅读（如《记承天寺夜游》），探究苏轼不同作品中"月光"的情感差异。

【教学难点】

引导学生深入理解苏轼"透彻了悟"的哲理高度，尤其是如何从"苦闷纠结"转向"豁达坦然"的心理转变。

【教学方法】

情境导入法、文本细读法、比较阅读法、哲理升华法。

【教学过程】

导入：谈起月亮，几乎没有人不喜欢。中国古代文人喜欢对月抒怀，写下许多千古绝唱。"月上柳梢头，人约黄昏后。"（《生查子·元夕》）欧阳修回忆约会的婉约；"青山一道同云雨，明月何曾是两乡。"（《送柴侍御》）王昌龄书写友人的情谊；"露从今夜白，月是故乡明。"（《月夜忆舍弟》）杜甫表露的思乡之情；"海上生明月，天涯共此时。"（《望月怀远》）张九龄写出了跨越空间的开阔感慨。逢中秋月圆，苏轼有何感想呢？让我们一同走进（《水调歌头》）。

一、初读课文

（一）学生诵读

疏通字词句。（板书：阙、琼楼、胜、绮、婵娟）

（二）老师提问

从小序中你得到什么信息？

明确：时间。情感：痛、狂；怀念弟弟。

（三）走近苏轼

当代美学大师李泽厚先生曾在《美的历程》中评价苏轼："作为诗、文、书、画无所不能，异常聪明敏锐的文艺全才，是中国后期封建社会文人们最亲切喜爱的对象。"请大家注意，不是"之一"，而是"最"，这个评价言过其实吗？

苏轼诗词书画文，样样精通，才比天高命运多舛。中学课文中出现苏轼作品多达18篇。让我们温故知新。诗：《惠崇春江晚景二首》"竹外桃花三两枝，春江水暖鸭先知。"《题西林壁》："横看成岭侧成峰，远近高低各不同。不识庐山真面目，只缘身在此山中。"《饮湖上初晴后雨》"水光潋滟晴方好，山色空蒙雨亦奇。欲把西湖比西子，淡妆浓抹总相宜。"文：《记承天寺夜游》"庭下如积水空明，水中藻、荇交横，盖竹柏影也。何夜无月？何处无竹柏？但少闲人如吾两人者耳。"词：《卜算子·黄州定慧院寓居作》"缺月挂疏桐，漏断人初静。时（谁）见幽人独往，缥缈孤鸿。惊起却回头，有恨无人省。拣尽寒枝不肯栖，寂寞沙洲冷。"

二、品读与交流：

宋人胡仔对苏轼评价极高，认为"中秋词自东坡《水调歌头》一出，余词尽废"。（《苕溪渔隐丛话》）我们一起品读这首词。

（一）品读上阕一、二、三句

明月几时有？把酒问青天。不知天上宫阙，今夕是何年。

【译诗】明月什么时候出现的？（我）端着酒杯问青天。不知道天上的神仙宫阙里，今夜是哪一年哪一日。

【品读】全词以设问句开篇，明月几时有？苏轼之问问出对宇宙和人生的疑惑。（对比：青天有月来几时，我今停杯一问之。——李白《把酒问月》）江畔何人初见月，江月何年初照人？——张若虚《春江花月夜》，"天上宫阙"显露出对明月的赞美和向往，也暗指当今朝廷不知道是怎样的含意。

【技法】设问开篇、一语双关。

（二）品读上阕四、五句

我欲乘风归去，又恐琼楼玉宇，高处不胜寒。起舞弄清影，何似在人间？

【译诗】我想乘御着清风回到天上，又怕到月中仙宫，经受不住寒冷（广寒宫）。我在月光下起舞，影子也随着舞动，哪里比得上在人间！

【品读】暗指政治遭遇，想回到朝廷，但又怕党派纷争难以容身。既然天上回不去了，还不如在人间好。人间指地方官，只要奋发图为，在地方亦能为国效力。表现出乐观情绪。

【技法】夸张联想、情景交融

（三）品读下阕一、二句

转朱阁，低绮户，照无眠。不应有恨，何事长向别时圆？

【译诗】月儿转过朱红色的楼阁，低低地挂在雕花的门窗上，照得人不能入睡。不应该有什么怨恨吧，月亮为什么偏在人们不能团聚之时圆呢？

【品读】紧承上篇入世情怀和月色描写，写月光的移动和月下不眠人。接着反问，抒怀人之情。貌似对月亮怨恨，实际是写亲人不能团聚的惆怅。

【技法】细节描写、反问拟人

拓展阅读：苏轼、苏辙两兄弟从小志同道合，手足情深。此词时作者因反对王安石新法，王安石派御史在皇上面前说苏轼过失，苏轼郁闷请求出京任职。皇上先让他到杭州任太守，后到密州。与苏辙分别后已有 6 年不见了，时值中秋，苏轼赋词怀念兄弟。

苏辙在《超然台记叙》中说："子瞻通守余杭，三年不得代。以辙之在济南也，求为东州守。既得请高密，五月乃有移密州之命。"苏轼离开湖色秀丽的杭州，由南向北，只因兄弟情深。苏辙在济南为官，苏轼为能与弟弟常聚，特请求到山东为官。后同在山东，但距 200 公里，亦不得见。

比较阅读："庭下如积水空明，水中藻荇交横，盖竹柏影也。"

7 年后苏轼在黄州承天寺，同样"无眠"，他做了什么事情？寻张怀民，相与步于中庭。为什么要写"藻荇交横"，表现月光如积水一般明亮。

我们比较一下，看看这两处月光有什么不同？

明确：《记承天寺夜游》中的月光：幽静；下阕一、二句月光：让人怨恨。

（四）品读下阕三、四句

人有悲欢离合，月有阴晴圆缺，此事古难全。但愿人长久，千里共婵娟。

【译诗】人有悲欢离合的变迁，月有阴晴圆缺的转换，这自古以来就很难周全。希望人们可以长长久久地在一起，即使相隔千里也能一起欣赏这美好的月亮。

【品读】这两句体现了词人由心中有所郁结，到心胸开阔，做达观之想的心理变化。最后水到渠成地唱出"但愿人长久，千里共婵娟"的放达宽慰之语。

【技法】对偶抒情、哲理总结。

"朱阁""绮户"，也是美好的环境，可与上文的"琼楼玉宇"并称。月亮在移动，说明词人久不能寐。于是月亮"不应有恨"，月亮真的有恨意吗？其实，是苏轼的内心有怨恨。

三、比较阅读

1.再读课文，请用4个词语归纳一下词人心理变化过程。小组讨论，写出来。

明确：苏轼的心理变化：苦闷——矛盾——豁达——祝愿

2.比较阅读："何夜无月？何处无竹柏？但少闲人如吾两人者耳。"

《水调歌头》中的月光真的与《记承天寺夜游》中的月光完全不一样吗？

问：并非每夜有月，也不是每处都有竹柏，月与竹柏在哪里？

答：在他的心中。只要心中有这样的明月相伴，就能永远让内心平静。

问：苏轼在《水调歌头·明月几时有》中同样写了相似的诗句，什么句子？

答：人有悲观离合，月有阴晴圆缺，此事古难全。

问：分离原本就是人生的常态，正如月不可能永远圆满。但为何还能做到"千里共婵娟"？

答：心中有明月相伴，即使相隔千里，同样可以共享明月。

问：此时，苏轼的内心还在纠结吗？

答：已经变得平静了。

四、总结

回到开头我们所引用的李泽厚先生在《美的历程》中对苏轼的评价，他如此总结苏轼的成就："苏轼在美学上追求的是一种朴质无华、平淡自然的情趣韵味……并把这一切提到了某种透彻了悟的哲理高度。"请学生朗读该段话。

问：根据你的学习，如何理解"透彻了悟"这句话？"透彻"就是看透，"了悟"就是明白。他看透了什么？明白了什么？

答：面对一切挫折，以乐观豁达的心胸来面对

问：诗人在开头提出的问题他正面回答了吗？

答：没有

师：苏轼为什么没有直接回答。或许他觉得已无必要回答，人无须探究月亮何时来，只须享受眼前的一轮明月，就可以坦然面对世间的一切风云。其实，不仅这首词，我们已学过的苏轼的诗词中将学的词大都带有这样的内涵。举例："谁道人生无再少，门前流水尚能西，休将白发唱黄鸡。""归去，也无风雨也无晴。"

问：《水调歌头》给了你什么样的启示？

答：人生在探索的过程中，难免遇到矛盾纠结，只要你的内心保持平静、乐观豁达，就永远可以坦然面对这一切。这就是苏轼在他的作品中给我们的启示，他用自己的诗句为自己，也为中国塑造了一个永恒的精神家园。

问：苏轼有没有觉得自己的一生经历了太多的曲折而痛苦？他对

自己的一生如何评价？

答：苏轼觉得自己的一生令人羡慕。

师：再读一遍这首词，感受这种历经曲折后得到的乐观豁达。

五、分层作业布置

1.基础层：绘制《水调歌头》的情感变化曲线图。

2.提升层：以"月"为主题创作一首短诗或散文，融入个人生活体验。

3.拓展层：撰写《苏轼的人生智慧对现代青年的启示》小论文，结合社会现象展开论述。

《水调歌头·明月几时有》教学设计评析

一、总体评价

《水调歌头·明月几时有》的教案设计以苏轼的经典词作为核心，通过文化浸润、文本细读、哲理探究等环节，引导学生从"月"的意象出发，逐步深入理解苏轼的文学魅力与人生境界。整体设计目标明确、层次分明，既注重语言基础的夯实，又强调情感与哲思的升华，体现了"工具性与人文性统一"的语文教学理念。

二、教学设计亮点分析

1.文化浸润，激活诗性思维

古诗导入，营造意境。教案以欧阳修、王昌龄、杜甫等诗人的"月"意象开篇，通过经典诗句的联诵，迅速将学生带入古典诗词的意境中。这种设计不仅唤醒了学生的文化记忆，还通过对比苏轼笔下的"中秋月"，自然引出"月"在不同语境下的情感意蕴，为后续学习奠定基础。

2.苏轼生平与作品的整合

教案通过回顾苏轼的诗词文（如《题西林壁》《记承天寺夜游》），串联其不同时期的创作风格与人生境遇。例如，从"横看成岭侧成峰"的哲理到"何夜无月"的豁达，学生能够直观感受苏轼思想的一贯性与发展性。

3. 文本细读，兼顾语言与哲思

逐句品析，聚焦修辞与情感。教案对上阕"明月几时有"至下阕"千里共婵娟"的逐句解读，注重修辞手法（如设问、拟人）与情感表达的结合。例如，"我欲乘风归去"中"归去"的双关意（既指天宫，又隐喻朝廷），巧妙揭示了苏轼的政治困境与出世入世的矛盾心理。

哲理升华，引导人生体悟。通过"人有悲欢离合，月有阴晴圆缺"的哲理总结，教案引导学生从文本走向生活，思考如何在困境中保持豁达心态。这一环节与李泽厚对苏轼"透彻了悟"的评价相呼应，体现了语文教学的育人价值。

4. 比较阅读，拓宽认知维度

横向对比：苏轼不同时期的"月"。教案将《水调歌头》与《记承天寺夜游》中的月光描写进行对比，分析"幽静"与"怨恨"的情感差异。通过"何夜无月"与"此事古难全"的关联，学生得以理解苏轼从"苦闷"到"豁达"的心境转变。

纵向对比：苏轼与李白的"问月"。教案提及李白《把酒问月》与张若虚《春江花月夜》，通过对比"问月"的动机与内涵，凸显苏轼对宇宙人生的独特思考。例如，李白的"青天有月来几时"偏向浪漫想象，而苏轼的"明月几时有"则暗含现实关切。

三、建议优化方向

1. 增强学生主体性与互动性。有些问题可调整为开放式问题，例如："如果你是苏轼，面对'琼楼玉宇'与'人间'的抉择，你会如何选择？为什么？"以此激发学生的个性化表达与批判性思维。

2.未来教学中，可进一步探索"跨学科融合"路径，例如联合音乐学科赏析《水调歌头》的经典谱曲，或结合地理学科探讨"月相变化"的科学原理，使语文课堂成为连接文学、科学与生活的桥梁。

四、总结

《水调歌头·明月几时有》的教案设计成功地将古典诗词的语言美、情感美与哲理美融为一体，其核心启示在于：

1.文化浸润是古典诗词教学的基础，通过跨文本、跨时代的对比，能够帮助学生建立立体的文化认知。

2.文本细读与哲理升华需相辅相成，语言品析为情感体悟提供载体，而哲思探究则为文本解读赋予深度。

3.学生主体性是课堂活力的源泉，通过开放式问题、情境活动与技术赋能，能够激发学生的主动性与创造性。

《逆向思维　周密说理》教学设计与设计

执教者：蔡勤

教学评析：林育　（福州二中）

【教学目标】

1. 培养学生的"对手意识"，学会逆向质疑，通过质疑、纠偏，不断周密深刻自己的立论，学会周密说理。

2. 培养学生的思辨能力，引导学生进行理性思考、周密分析问题，促进思维能力发展和思维品质提升。

【教学重点】

培养学生的"对手意识"，学会逆向质疑，通过质疑、纠偏，不断周密深刻自己的立论，学会周密说理。

【教学难点】

学生学会理性思考，具备周密分析问题的能力，促进思维能力发展和思维品质提升。

【教学方法】

启发诱导法、课堂训练法、多媒体辅助法。

【教学过程】

一、导入新课

从学生熟悉的经典文本引入"对手意识"的概念。

"六国破灭，非兵不利，战不善，弊在赂秦。赂秦而力亏，破灭之道也。或曰：六国互丧，率赂秦耶？曰：不赂者以赂者丧，盖失强援，

不能独完。故曰：弊在赂秦也。"（苏洵《六国论》）

梁启超认为作论辩文要有"应敌"意识，夏丏尊、刘薰宇甚至认为存有"对手意识"是议论文写作的前提："议论原是假定有敌论者存在，否则已用不到议论。"对手意识即写作时以吹毛求疵的"对手"眼光，从思想、逻辑、结构、材料、语言等多方面进行审视、质疑，使文章在思维交锋中渐趋精致。就议论文写作而言，主要体现在对论点进行逆向质疑，在分析时兼顾正反论据。

对手意识意味着理性质疑、独立思考、多元视野，是议论文写作不可或缺的素质。逆向质疑是一种以"对手"视野来认识事物的"越轨思维"。要学会体察他人之质疑，审视自己之缺漏。

二、课堂导练

材料一：2023年高考作文题：

随着科技的飞速发展，人工智能在各个领域得到了广泛应用。有人认为，人工智能将极大地推动人类社会的进步，提升生产效率和生活质量；也有人担心，人工智能可能会取代人类的工作，甚至对人类的生存构成威胁。请结合材料，写一篇不少于800字的文章，谈谈你对人工智能发展的看法。要求：选好角度，确定立意，明确文体，自拟标题；不要套作，不得抄袭。

观点：赞成人工智能的发展。人工智能的发展是科技进步的必然趋势，它将极大地推动人类社会的进步，提升生产效率和生活质量。

假想对手来质疑：

1.质疑：人工智能会取代人类的工作，导致大量失业。

2.纠偏：人工智能虽然会取代一些重复性、机械性的工作，但同时也会创造出更多新的就业机会，如人工智能工程师、数据分析师等。

3.再质疑：即使有新的就业机会，但很多人可能无法适应，社会贫富差距会进一步扩大。

4. 再纠偏：政府和社会可以通过教育和培训帮助人们适应新的就业需求，同时制定政策来缓解贫富差距问题。

展示学生作文，师生共同时作文进行评析。

观点：反对人工智能的发展。人工智能可能会对人类的生存构成威胁，甚至引发伦理道德问题。假想对手来质疑：

1. 质疑：人工智能的发展可以带来巨大的经济效益，为什么不能接受？

2. 纠偏：经济效益固然重要，但人类的生存和伦理道德更为关键。如果人工智能被恶意利用，可能会引发不可预知的灾难。

3. 再质疑：可以通过法律和伦理规范来约束人工智能的发展，而不是完全抵制它。

4. 再纠偏：法律和伦理规范虽然重要，但难以完全约束人工智能的复杂性和不确定性。与其冒险，不如谨慎对待。

展示学生作文，师生共同时作文进行评析。

三、归纳纠偏

1. 限定范围，补充前提：明确论点的适用范围，补充必要的前提条件。

2. 权衡利弊，深化讨论：全面分析问题的利弊，避免片面性。

3. 化敌为友，为我所用：将对手的质疑转化为自己的思考，完善论点。

4. 联系实际,针砭时弊：结合现实情况，提出针对性的观点和建议。

展示下水文，请学生进行评析。

四、布置作业

2024 年高考作文题：

在现代社会中，人们越来越依赖网络和社交媒体来获取信息和交流。有人认为，网络和社交媒体极大地丰富了人们的生活，促进了信息的传播和交流；也有人担心，过度依赖网络和社交媒体会导致人们失去真实的人际交往能力，甚至被虚假信息误导。请结合材料，写一篇不少于800字的文章，谈谈你对网络和社交媒体发展的看法。要求：选好角度，确定立意，明确文体，自拟标题；不要套作，不得抄袭。

写作任务：

1. 你的观点是什么？

2. 你的假想敌可能会怎么来质疑你？

3. 你会依此质疑怎么纠偏？

4. 你的假想敌还可能怎么质疑你？

5. 你会依此怎么进一步纠偏？

《逆向思维　周密说理》教学设计评析

《逆向思维　周密说理》这堂课的教学设计，充分体现了对学生思维能力的培养，尤其是通过"对手意识"和"逆向质疑"的方式，引导学生学会理性思考、周密分析问题，从而提升其心智水平，是一堂具有创新性和实践价值的课程。

一、教学目标有针对性

教学目标的设定精准地抓住了议论文写作和思维训练的核心要点。一方面，培养学生"对手意识"和逆向质疑能力，有助于学生在写作中学会从多角度审视问题，避免思维的片面性；另一方面，通过理性思考和周密分析，促进学生思维能力的发展和思维品质的提升。这种目标设定不仅关注学生的写作能力，更着眼于其整体心智水平的提高，使学生能够以更加成熟、理性的思维去面对复杂多变的社会问题。

二、教学内容与方法的有机结合

1.导入环节：经典文本的巧妙运用

导入环节选取苏洵《六国论》的经典文本，不仅自然引出了"对手意识"的概念，还通过历史典故让学生初步感受到逆向思维在论证中的重要性。这种以学生熟悉的内容为切入点，能够迅速激发学生的学习兴趣，使他们更容易接受后续的教学内容。同时，引用梁启超、夏丏尊和刘薰宇的观点，进一步强化了"对手意识"在议论文写作中的必要性，为学生后续的写作实践提供了理论支撑。

2.课堂导练：高考作文题的实践应用

选取2023年高考作文题作为课堂导练材料，具有很强的现实意义和针对性。人工智能作为当今社会的热门话题，本身就蕴含着丰富的思辨空间，能够充分调动学生的思考积极性。通过"赞成"与"反对"两种对立观点的设置，引导学生展开逆向质疑和纠偏的思维训练。这种设计不仅让学生在实际写作中学会了如何运用"对手意识"，还帮助他们掌握了如何在复杂问题面前权衡利弊、深化讨论的方法。尤其是"假想对手来质疑"和"纠偏"的环节，让学生在思维的碰撞中不断调整和完善自己的观点，有效提升了他们的思辨能力和论证深度。

3.归纳总结：方法指导的系统性

课堂导练之后，教师及时归纳总结了"纠偏三法"，包括限定范围、补充前提，权衡利弊、深化讨论，化敌为友、为我所用，以及联系实际、针砭时弊。这4种方法不仅涵盖了思维训练的多个维度，还为学生提供了一套系统的写作和思考策略。通过这种方法指导，学生能够在今后的学习和写作中更加有条理地运用逆向思维，提升自己的论证能力和心智水平。

三、对学生心智水平的积极影响

1.培养批判性思维

批判性思维是现代教育中极为重要的一种思维能力，而本节课通过"对手意识"和逆向质疑的教学设计，有效地培养了学生的批判性思维。学生在面对一个观点时，不再盲目接受，而是学会主动质疑、审视其合理性。这种思维方式的转变，有助于学生在面对复杂问题时，能够独立思考、理性判断，而不是人云亦云。例如，在讨论人工智能的发展时，学生能够从多个角度分析其利弊，而不是简单地支持或反对，这体现了批判性思维的初步形成。

2. 提升逻辑思维能力

逻辑思维是议论文写作和理性思考的基础。在课堂导练中，学生需要通过质疑、纠偏等环节，不断梳理自己的观点和论证过程，使其更加严谨、合理。这种训练有助于学生养成良好的逻辑思维习惯，提升他们的分析问题和解决问题的能力。例如，在"再质疑"和"再纠偏"的过程中，学生需要运用因果分析、类比推理等逻辑方法，来完善自己的论证。这种逻辑思维的训练不仅对写作有益，更对学生未来的学习和生活产生深远影响。

3. 增强心理韧性

在"对手意识"的培养过程中，学生需要面对与自己观点相反的意见，并尝试理解、回应这些质疑。这种过程不仅锻炼了学生的思维能力，还增强了他们的心理韧性。学生学会了在思想交锋中保持冷静、理性，不轻易被他人观点所左右，同时也学会了尊重不同的意见，培养了包容性。这对于学生形成健康的心理素质和良好的人际关系具有重要意义。

除了高考作文题，还可以引入一些社会热点事件、历史典故等多样化的案例，让学生在不同类型的材料中练习逆向思维和周密说理。这样不仅能够丰富教学内容，还能让学生更好地将所学方法应用到实际生活中，提升其综合素养。

总之，《逆向思维　周密说理》这堂课以其创新的教学设计和扎实的教学内容，为学生提供了一个良好的思维训练平台。通过"对手意识"和逆向质疑的教学方法，学生不仅在写作能力上有所提升，更在心智水平上得到了显著提高。这种教学理念和方法的实践，为现代语文教育提供了有益的借鉴，也为培养具有独立思考能力和理性精神的现代公民奠定了坚实的基础。

《林黛玉进贾府》教学设计及评析

执教者：蔡勤

教学评析：林育 （福州二中）

【教学目标】

1.分析林黛玉这一人物的性格特点，把握小说刻画人物方法。

2.了解小说通过渐进式人物塑造方法，多角度、全方位、有层次地展现林黛玉人物形象的容貌、神态、风度。

3.深入感悟《红楼梦》思想内涵，引导学生准确解读古典小说人物个性，把握中国传统文化。

【教学重点】

小说人物林黛玉性格特点的分析。

【教学难点】

通过林黛玉性格的分析，了解小说渐进式人物塑造方法。

【教学方法】

启发式提问法、梳理归纳法、多媒体辅助法。

【教学过程】

一、导入

情境铺设：播放视频《枉凝眉》

上节课我们借林黛玉的一双慧眼第一次展示了全书的典型环境——贾府，这节课我们将转入对人物形象的鉴赏。作为古典小说的巅峰之作《红楼梦》，在人物塑造上，脂砚斋曾评："摹一人，一人必到纸上活见"，可见《红楼梦》中的诸多人物，曹雪芹都能做到各具情态，栩栩如生。要做到这点，离不开高超的创作手法，而渐进式手法就是其中之一。何谓渐进式，即运用多种手法，多角度、多层次地全方位塑造人物，实现人物形象从单薄呆板到丰满鲜活的塑造。今天，我们以林黛玉为例，通过分析这一人物形象，来了解渐进式人物塑造方法在文中的运用。

二、整体感知

预设师生交流。

师：视频中的黛玉秀外慧中、温婉动人。这样一个女子，初到贾府这一深宅大院中，她有着什么样的心理？

生："步步留心，时时在意，不肯轻易多说一句话，多行一步路，唯恐被人耻笑了他去。"

师：这种"步步留心，时时在意"的心理，在文中哪些地方体现？请大家以黛玉的行踪为线索，结合文本来找找。

林黛玉的行踪是：贾母院——贾赦院——贾政院——贾母院。我们就分4个小组来讨论，待会派代表来陈述。（学生畅所欲言，讨论探究）

归纳如下。

（一）语言描写

1.婉言拒绝邢夫人盛情的语言描写：邢夫人苦留黛玉吃过晚饭再去，黛玉笑回道："舅母爱惜赐饭，原不应辞，只是还要过去拜见二舅舅，恐领了赐去不恭，异日再领，未为不可。望舅母容谅。"

明确：面对舅母的赐饭，林黛玉考虑到要去拜见二舅舅，她不肯吃了饭再去拜见二舅舅，没有接受。可见她非常懂礼节，很小心。她拒绝邢夫人时也很委婉，不正面否定长辈的话，而是先表感激之情，再说原因，让人可以接受，可见她很谨慎。黛玉应对有度，举止有礼，一席话既表明了她对邢夫人的尊敬与感激，又表明了自己顾全大局的礼节，说明她待人接物是处处留心的。

2.两次有关读书问题的得体的回答。

两个人曾经问过黛玉同一个问题，黛玉又是怎么应对？

明确：读书问题，贾母和宝玉都问过黛玉。

贾母问时，答曰："只刚念了《四书》。"

宝玉问时，答曰："不曾读，只上了一年学，些须认得几个字。"两次问答为什么不一致？是否自相矛盾？

明确：两次回答并非自相矛盾，原因是，前面黛玉回答"念了《四书》"，后黛玉又问姊妹们读何书时，贾母道："读的是什么书，不过是认得两个字，不过是睁眼的瞎子罢了！"黛玉已经意识到先前实话实说失了口，有不谦之嫌，马上留意改口。黛玉的言谈举止，表明其教养非同一般。可见她多思多虑，做事小心谨慎。

（二）动作描写

1.贾母一见黛玉，疼爱得了不得，"一把搂入怀中大哭"，并不计较礼节，可是待众人慢慢解劝住了，黛玉还是补行了拜见的礼节。见了迎春姐妹三个，也"忙起身迎上来见礼"。

听到后院有笑声，听到"我来迟了，不曾迎接远客"，黛玉心里觉得那人"放诞无礼"，只是不说，见了面还是"连忙起身接见"，称呼上也非常小心。外祖母说："你只叫他'凤辣子'就是了。"她知道外祖母可以开玩笑，自己可随便不得，待明白过来，"忙赔笑见礼，以'嫂'呼之"。贾赦没出来见面，只是让人回话，因为回的是大舅舅的话，黛玉忙站起来，一一听了，恭肃如此。

2.提问：王夫人却坐在西边下首，亦是半旧的青缎靠背坐褥。见黛玉来了，便往东让。黛玉心中料定这是贾政之位。因见挨炕一溜三张椅子上，也搭着半旧的弹墨椅袱，黛玉便向椅上坐了。王夫人再四携她上炕，她方挨王夫人坐了。王夫人开始让黛玉坐炕东面，她只坐了椅子上；后又"再四"携她上炕，她也仅挨着舅母坐了西边下首，始终未坐东面。这能表现黛玉什么特点？

在贾母房中吃饭时，贾母正面榻上独坐，两边四张空椅，当王熙凤拉黛玉入座时，黛玉也十分推让了一番，直到贾母作了解释后，方才告了座，坐了。

"老嬷嬷们让黛玉炕上坐，炕沿上却有两个锦褥对设，黛玉度其位次，便不上炕，向东边椅子上坐了。"在王夫人房内，黛玉料定那两个锦褥对设是二舅舅和王夫人的，只向东边椅子上坐了，可见黛玉聪慧，有良好的教养。

明确：黛玉通过炕桌东西面位置的不同，揣测其代表的尊贵程度也不同，因而即使王夫人再四携她上炕，她也没坐东面，表达她注重礼节、小心谨慎的特点。

3."当日林如海教女以惜福养身，云饭后务待饭粒咽尽，过一时再吃茶，方不脾胃。今黛玉见了这里许多事情不合家中之式，不得不随的，少不得一一改过来，因而接了茶。早见人又捧过漱盂来，黛玉也照样漱了口。"

黛玉见贾府中吃茶的规矩跟自己在家时不同，虽然这不利于她的身体健康但她还是改了过来，也可以体现她的小心谨慎。

（三）心理描写

1.见王熙凤之前："纳罕"。

提问：于王熙凤的出场。听到后院有笑声，听到"我来迟了，不曾迎接远客！"黛玉纳罕道："这些人个个皆敛声屏气，恭肃严整如此，这来者系谁，这样放诞无礼？"这一句反映出黛玉对王熙凤出场特点是何看法？表现出黛玉怎样的性格特点？

明确：黛玉心里觉得那人"放诞无礼"，只是不说，见了面还是"连忙起身接见"，称呼上也非常小心。外祖母说："你只叫他'凤辣子'

就是了。"她知道外祖母可以开玩笑，自己可随便不得，待明白过来，"忙陪笑见礼，以'嫂'呼之"。

这句心理描写表明了林黛玉对王熙凤不守规范的惊讶和否定，这种心理想法恰恰反映出了林黛玉懂礼节的特点。

2.提问：黛玉心中正疑惑着："这个宝玉，不知是怎生个惫懒人物，懵懂顽童？"——倒不见那蠢物也罢了。黛玉初见了宝玉。黛玉为什么会想不见也罢了？突出了黛玉的什么性格？

明确：此处黛玉疑惑，是心理描写；宝玉是贾家的重要人物，黛玉不想见，就因为他惫懒。说明黛玉是讨厌这种纨绔子弟的。侧面写出黛玉品格高洁、不俗。

3.提问：黛玉一见，便吃一大惊，心下想道："好生奇怪，倒像在那里见过一般，何等眼熟到如此！"对比宝玉看罢，因笑道："这个妹妹我曾见过的。"黛玉心中想"曾经见过"，却没说出来；宝玉却不忌讳地笑道："这个妹妹我曾见过的。"这其中缘由是什么呢？

明确：宝黛初见都觉得对方面熟，宝玉直抒心中所想，而黛玉却心想不说，则体现了她的矜持与内敛的性格。

老师提示：这是黛玉的自忖语。联系黛玉进京的原因，林黛玉母亲去世后"上无亲母教养，下无姊妹兄弟扶持"，于是投奔外祖家，"依傍外祖母及舅氏姐妹"。过去在家"常听得母亲说过，他外祖母家与别家不同。他近日所见的这几个三等仆妇，吃穿用度，已是不凡了，何况今至其家"，"因此步步留心，时时在意，不肯轻易多说一句话，多行一步路，唯恐被人耻笑了他去"。尽管外祖母"心肝儿肉"地疼她，宝贝儿似的待她，但总有寄人篱下之感，待人处事始终是"步步留心，时时在意"。可知她寄人篱下的弱势心理。

（板书）

师：大家看表格，这些描写分别从哪些角度对林黛玉进行刻画？

角度	贾母院	贾赦院	荣禧堂	贾母院
	拜见礼	听传话	度位次	改习惯
	答众疑	拒盛情	笑应答	细纠错
	纳罕凤姐			疑惑宝玉、一惊
	谨慎、知礼	聪慧、谨慎懂礼节、识大体	谨言慎行，心细如尘	细心多虑

明确：动作、语言、心理、性格。

这些多角度刻画，我们可以看出，林黛玉的性格并没有单一地停留在刚到贾府的小心谨慎上，而是随着她的行踪，我们逐层看到了她的聪慧知礼，看到她的心细如尘、多思多虑，人物的性格越来越丰满，这种多角度、有层次地塑造人物形象，就是渐进式手法的体现。

（四）肖像描写

除了从动作、语言、心理等角度对林黛玉展开渐进式刻画，文中是否还有对林黛玉有其他方面的描写？（肖像）

问：有几处肖像描写？（三处）

问：这三处的肖像描写的角度有何不同？（众人、王熙凤、贾宝玉）

问：从众人的角度，看出黛玉什么特点？请一位同学来诵读。

（生探究，讨论）

1.众人眼中的黛玉："众人见黛玉年貌虽小，其举止言谈不俗，身体面庞虽怯弱不胜，却有一段自然的风流态度，便知他有不足之症。"

分析：年貌虽小，举止言谈不俗 怯弱不胜，自然风流态度，"言谈不俗"说明黛玉很有修养，富有学识，谈吐文雅。身体怯弱却自有一段风韵，说明黛玉是个典型的病美人，虽体质虚弱，却天生丽质，自带一种不落尘俗的美。这里"风流"是风韵的意思，概括一下：气质好，体弱多病。

教师点评：只外在初步勾画。众人是林黛玉的长辈，关心的是黛玉的身体，问的是"常服何药，如何不急为疗治"，注意点是从外形上看出林黛玉的体弱多病。

众人眼里的	言谈不俗	谈吐文雅
	风流态度	气质不凡
	怯弱不胜	体弱多病

师：从众人的角度，看到她谈吐文雅、体弱多病。

2. 王熙凤眼里的黛玉："这熙凤携着黛玉的手，上下细细打量了一回，"天下真有这样标致的人物，我今儿才算见了！况且这通身的气派，竟不像老祖宗的外孙女儿，竟是个嫡亲的孙女，怨不得老祖宗天天口头心头一时不忘"。

分析：描写进了一层，突出黛玉容貌的标致和气派的不凡。"真有这样标致人物，出自凤口，黛玉丰姿可知，宜作史笔看。"（脂砚斋批语）凤姐是个见多识广的人物，"真有这样标致的人物"出自她之口，可见黛玉风姿不凡，虽然有些夸张，但的确可见黛玉之美。王熙凤本着对贾母奉承的心理去发现、感受黛玉的自然美，展现了黛玉的风流态度和言谈举止的不俗。

王熙凤眼里的	标致	容貌娇美（风姿绰约）
动作	气派	贵族气势、气质不凡

3. 俗话说"情人眼里出西施"，那么宝玉眼中的黛玉是怎样的呢？

与众个别："两弯似蹙非蹙胃烟眉，一双似喜非喜含情目。态生两靥之愁，娇袭一身之病。泪光点点，娇喘微微。闲静时如姣花照水，行动处似弱柳扶风。心较比干多一窍，病如西子胜三分。"

小结：对这段肖像描写，脂砚斋评点——"黛玉之举止容貌，亦是宝玉眼中看，心中评。若不是宝玉，断不能知黛玉终是何等品貌。"也就是说，通过宝玉之眼，全面真切地刻画了林黛玉外貌、气质。第一次从众人之眼，初步勾画她气质不俗、体弱多病；第二次从凤姐之眼更深一层突出她容貌标致，气派不凡；经过两处铺垫，第三处借宝玉之眼浓墨重彩地描写黛玉。

思考：宝玉对黛玉"眼中看"，看到了什么？"心中评"做出什么评价？

明确：看到了"罥烟眉""含情目""两靥之愁""一身之病"，心中评价"心较比干多一窍，病如西子胜三分"。

板书：宝玉眼里的黛玉

	罥烟眉	清秀飘逸
	含情目	含情脉脉
看评	两靥之愁	多愁善感
	一身之病	体弱多病
	多一窍	冰雪聪明
	胜三分	娇弱美丽

小结：在林黛玉的肖像描写上，从众人的角度，看到她谈吐文雅、体弱多病；从王熙凤的角度，我们看到了黛玉的容貌娇美、气质不俗；从宝玉的角度，我们看到了黛玉的清秀飘逸、含情脉脉、多愁善感、体弱多病、冰雪聪明，娇弱美丽。

思考：肖像描写上这样安排有什么特点？

明确：众人：初步勾画；王熙凤：描写进一层；宝玉：浓墨重彩，工笔细描，不仅有具体容貌的描绘，更有内在神韵的体现——逐层深入。

小结：在肖像描写上，作者正是运用渐进式人物塑造，从多个角度，有层次地刻画黛玉的形象。

综上所述，本文在塑造人物形象上，运用渐进式人物塑造，既从语言、动作、心理等多种角度对黛玉描绘，又分别从众人、王熙凤、宝玉之眼从肖像上对黛玉进行逐层深入地描绘，这种多角度、全方位、有层次的塑造，让"养在深闺人未识"的黛玉，从模糊到清晰，逐渐丰满、跃然纸上，这是渐进式手法在人物塑造上的独到之处。

三、拓展延伸

在我们初中学过鲁迅先生的《孔乙己》这篇课文也有所运用，请大家看大屏幕，这是刻画孔乙己人物形象的一段话，这段话分别从肖像、语言、动作、神情等角度去刻画孔乙己这一人物，这些角度的描写依次可以看出孔乙己怎样的形象？

小结：描写角度变化，性格也逐层丰满。鲁迅先生也是运用这种渐进式人物塑造方法，从多个角度、多层次地刻画，生动地刻画出一位深受封建思想毒害的下层知识分子的形象。

肖像描写	潦倒不堪、风烛残年、好逸恶劳
语言描写	迂腐可笑、死要面子、自欺欺人
动作描写	自命清高、迂腐穷酸

总结：可见渐进式人物塑造不仅在古典小说中有所体现，更在现代文学上也有所运用，对我们学生来说，在写作上，往往苦于难以要塑造出个性鲜明、具体可感的人物，今天通过这堂课的学习，我们不妨也尝试着运用这种方法来练练笔。

四、布置作业

写一篇记叙文，要求运用到渐进式人物塑造方法，题目自拟，字数 700 左右。

《林黛玉进贾府》教学设计评析

《林黛玉进贾府》作为《红楼梦》的经典片段，是中学语文教学中培养学生文学素养与人文精神的重要素材。蔡勤老师设计的这一课例，以渐进式人物塑造方法为核心，通过多角度分析林黛玉的性格特点，引导学生深入理解古典小说的艺术魅力。从促进学生心智成长的角度看，本教案在思维能力培养、情感体验深化、文化认同构建及写作能力提升等方面均具有显著价值。下面从教学目标、教学过程、教学策略等进行具体评析。

一、教学目标：聚焦核心素养，构建多维成长框架

本教案的教学目标明确指向三个维度：

1. 人物性格分析：通过语言、动作、心理描写把握林黛玉的性格特点。

2. 文学手法学习：理解渐进式人物塑造方法。

3. 文化内涵感悟：引导学生体会《红楼梦》的思想深度与中国传统文化。

从心智成长的视角看，这三项目标分别对应了学生的逻辑思维、审美感知与文化认同能力的培养。例如，分析人物性格需要学生从文本细节中提取信息并进行归纳推理（逻辑思维）；体会渐进式手法需理解文学创作的艺术逻辑（审美感知）；而感悟传统文化则需联系社会背景与价值观念（文化认同）。这种多维目标设计，既符合语文核心素养的要求，也为学生的心智发展提供了系统性框架。

二、教学过程：循序渐进，激活思维与情感

教案的4个环节（导入、整体感知、拓展延伸、作业布置）层层递进，

体现了"以学生为主体"的教学理念。

1.情境导入：以情感共鸣激发学习兴趣

播放《枉凝眉》视频，从视听角度营造古典意境，迅速将学生带入《红楼梦》的情感氛围。音乐与画面的结合，不仅能调动学生的审美体验，还能引发对林黛玉命运的好奇与同情，为后续分析奠定情感基础。

教师引用脂砚斋"摹一人，一人必到纸上活见"的评语，巧妙点明人物塑造的艺术性，既衔接了上节课内容，又为本课学习目标提供了理论支撑。

2.整体感知：以文本细读培养批判思维

分组讨论：学生以林黛玉的行踪为线索，分小组探究其语言、动作、心理描写。例如，分析黛玉"婉拒邢夫人赐饭"的语言策略时，学生需结合语境理解其"谨慎知礼"的性格特点。这种合作学习模式能够促进学生主动思考，并在交流中完善逻辑表达。

对比分析：针对黛玉两次回答"读书问题"的矛盾，教师引导学生结合贾母的态度解读其心理动机。这一过程不仅锻炼了学生的文本分析能力，更让他们学会从社会文化背景中理解人物行为（如封建礼教对女性的束缚），从而深化批判性思维。

角色代入：通过设问"黛玉为何不坐东面位置"，学生需代入人物视角，揣摩其"寄人篱下"的谨慎心理。这种角色体验能增强学生的同理心，使其在情感共鸣中理解复杂人性。

3.拓展延伸：以跨文本对比提升迁移能力

将《林黛玉进贾府》与《孔乙己》的渐进式手法进行对比，引导学生发现不同时代、不同文体中人物塑造的共性与差异。例如，孔乙己的"迂腐"与黛玉的"谨慎"虽性格迥异，但均通过多角度描写逐渐丰满。这种跨文本分析能够培养学生的类比思维与迁移能力，帮助其建立文学鉴赏的宏观视野。

4. 作业设计：以实践应用巩固学习成果

要求学生以渐进式手法创作记叙文，将课堂所学转化为写作实践。这一任务不仅强化了学生对文学手法的理解，还鼓励其观察生活、提炼人物特征，促进创造性思维的发展。

三、教学策略：多模态融合，促进深度参与

本课综合运用多种教学方法，有效提升了学生的参与度与学习效果。

启发式提问：如"黛玉为何改口回答读书问题"，教师通过追问引导学生自主发现文本矛盾背后的逻辑，避免了单向灌输。

梳理归纳：表格归纳黛玉在不同场景中的语言、动作、心理特点，将抽象分析具象化，帮助学生构建系统性认知框架。

多媒体辅助：播放视频、展示脂砚斋批语幻灯片，丰富了教学形式，兼顾了不同学习风格学生的需求。

四、语文促进心智成长的体现

1. 思维能力的进阶：从细节分析到归纳总结，再到跨文本对比，学生经历了"具体—抽象—迁移"的思维训练过程，逻辑推理与批判性思维得到显著提升。

2. 情感体验的深化：通过角色代入与心理描写分析，学生不仅理解了黛玉的"谨慎"，更感受到其"寄人篱下"的孤独与无奈，情感共鸣能力得以增强。

3. 文化认同的构建：对黛玉"知礼守节"行为的解读，潜移默化中引导学生体会中国传统礼仪文化的深层价值，增强文化自信。

4. 写作能力的提升：作业设计将阅读与写作结合，促使学生将文学手法应用于实际创作，实现知识的内化与输出。

五、总结

《林黛玉进贾府》的课例设计，通过渐进式人物塑造方法的解析，成功实现了语文教学与心智成长的有机结合。学生在文本分析中锻炼了逻辑思维，在情感共鸣中深化了人文关怀，在文化感悟中增强了价值认同。若能在情感体验与文化批判层面进一步深化，本课将更加全面地促进学生的心智成熟与全面发展。这种以文学为载体、以思维为核心、以文化为根基的教学模式，正是语文教育实现育人目标的典范路径。

《家乡文化：竹枝词里的福州南台》教学设计及评析

执教者：蔡勤

教学评析：林育　（福州二中）

【教学目标】

1. 通过鉴赏"南台竹枝词"，了解家乡福州南台的历史风貌与风土人情。

2. 通过福州方言诵读"南台竹枝词"，感受家乡福州文化的独特韵味。

【教学重点】

品析"南台竹枝词"中展现的南台风土文化内涵。

【教学难点】

指导学生用福州方言准确诵读"南台竹枝词"，体会其音韵美感。

【教学方法】

问题引导法、合作探究法、信息技术辅助法 。

【教学过程】

课前准备：翻转课堂，利用信息技术和网络平台对课程内容相关的链接资料进行课前获取、分享；引导学生进行信息的交流、筛选、整合、反馈，逐步养成他们课内外阅读一体化的意识，并最终形成"查找资料，认识南台的相关历史文化背景，粗浅认知南台风土人情的能力"。

1.平台：QQ群、音频软件

2. 方式：师生互动交流、学生与家人的交流、学生与学生的交流

3. 链接资料：

①《闽江流域走向图》

②《闽江，闽道之源》（中国国家地理）

http：//www.dili360.com/cng/article/p5350c3d8f3d8c26.htm

③《台江地方志》

http：//www.fjsq.gov.cn/showtext.asp？ ToBook=172&index=63

④《满天云霓说苍霞》

http：//mag.fznews.com.cn/shtml/fzwb/20141012/129981.shtml

⑤《明末清初古"南台十景"》

http：//www.taijiang.gov.cn/html/xxgk/jjtj/tjfc/lswh/69658.html

⑥《台江从前有一座大庙山》

http：//lvyou.taijiang.gov.cn/bm12/18529.html

⑦《全闽第一江山》

 http：//lvyou.taijiang.gov.cn/bm12/18530.html

⑧《台江古咏》（"台江竹枝"部分）福州市台江区文学艺术界联合会编

⑨《名城的记忆》，方炳桂著

一、导语（师生互动，引出"南台"）：

师：看图片——南台碑石，提问"上面"的两个字读作什么？

繁体字"台"的意思：观，四方而高者。从至从之，从高省。与室屋同意。——清代陈昌治刻本《说文解字》

师："南台""台江"的概念不同。那么，这块碑上写的"台"指的是？

"南台"的得名就与越王台和钓龙台有关。

据史料记载，五代后梁年间，闽王王审知在福州建筑"梁夹城"，

王审知登上位于南门兜的宁越门往南眺望，看到"有台临江"（此台为越王台和钓龙台），南台便因此得名，大庙山也被称为"南台山"。而对着南台山的这条江就被称为"台江"。

师：这块碑上的"南台"具体指的是哪里？（PPT 投影：志社石碑）

志社当年的《志社诗楼记》中就有说明："自宁越门达万寿桥以讫藤山梅坞总曰南台。"

注释：

1. 宁越门：南门兜的一处城门。

2. 万寿桥：解放大桥；藤山：仓山。

3. 梅坞：今观井路上坡，与塔亭路、麦园路交界处，直至程埔头，绵亘数里皆种梅花，有万棵之多。

师：因此，今天我们研究"大庙山的文化"，就必须研究"南台的文化"，这才是我们大庙山的根脉所在。但是今天的南台已经发生了翻天覆地的变化，那么数百年前的"南台"是怎样的一番景象？就让我们一起走进今天的课程，去"寻根南台，品韵福州"。

板书：寻根南台　品韵福州

二、引入"竹枝词"概念

（一）（教师引导）"以诗证史"，引出"竹枝词"

"以诗证史"是我国学界的传统，子曰："小子何莫学夫诗？诗可以兴，可以观，可以群，可以怨"。诗可以激发情志，可以观察社会，可以交往朋友，可以讽谏怨刺不平。因此，吟咏风土习俗的竹枝词自然是观察南台过往社会文化的绝佳史料。

（二）竹枝词概念

1. 形式：是一种诗体，体裁和七言绝句一样。是由古代巴蜀间的民歌演变过来的。唐代刘禹锡。采用了当地民歌的曲谱，制成新的《竹枝词》。

2.内容："志土风而详习尚"，以吟咏风土为其主要特色，常于状摹世态民情，洋溢着鲜活的文化个性和浓厚的乡土气息。

3.表达：多用白描手法，语言清新活泼，生动流畅，生活气息浓厚。

（三）朗读刘禹锡的竹枝词，体会竹枝词表现风土人情的韵味。

竹枝词

山上层层桃李花，云间烟火是人家。

银钏金钗来负水，长刀短笠去烧畲。

烧畲：放火烧荒，准备播种。

解析：从诗歌内容来说，第一句写"自然风貌"，第二句写"人文风貌"，三四句以借代手法点出了当地的人情风貌。

从诗歌写作来说，一、三句，二四句又形成照应，第一句写自然之花，第三句写人文之花互相呼应，第二句写广义的烟，第四句写实体的烟，又互相映照，颇有意韵。

（三）赏析"南台竹枝词"，寻根南台，寻找"南台竹枝词"中展现的南台独有的风土人情。

由于竹枝词这种诗体既能反映风土人情又带有文人诗的意韵，因此由刘禹锡改创之后，得到了飞速的发展，且反映的地域范围更加广泛，写实色彩愈加浓烈。尤其明清时期留存卜来的竹枝词数量巨大。

其中福州竹枝词的存留颇多，粗略统计，明清时代各地文人描述福州的竹枝词总数当在500首以上，其中有不少涉及清代台江两岸的风情。这为我们了解数百年前的南台提供了有力的资料。

今天我们就借助"南台竹枝词"，从一个独特的角度观察闽江流域南台独有的风土人情。

板书：南台竹枝词

1.教师引导学生读懂选定的竹枝词。

看这首竹枝词中反映的社会风貌，写的是什么样的场景？反映的是哪个方面的社会生活？描摹出了南台怎样的特点？

南台竹枝词十首（其一）

谢道承

钓龙台下起龙风，钓龙台上月朦朦。

江涛拍拍晚来急，无数青山在镜中。

作者简介：谢道承，字又绍，号二梅，福州人。清康熙六十年（1721）进士，官至内阁学士兼礼部侍郎。曾主纂《福建通志》。

板书：风土 地貌，江域宽广

2.能否联系现在的地貌，说说你知道的山有哪些？

大庙山、南禅山、吉祥山、文山、太平山、烟台山、彩气山、保福山、紫云山、金斗山……

福州竹枝词二十首（其二）

李兆麟

香柑文旦与仁栽，道是新从下路来。

晓起鱼虾腥满市，帆樯无数泊南台。

作者简介：李兆麟，湖北高邑人，曾知福州闽清县。

注：不少竹枝词的作者是土生土长的在地文人，他们熟谙乡邦掌故及当地的风俗民情；而另一些作者则是外来的观察者，这些人对于异地的风俗更是充满了好奇，"沿途据所见闻，兼用方言联成绝句，

随地理风物以纪游踪"，故而竹枝词对于一地历史文化的研究，具有无可替代的史料价值。

3.理解"与仁栽""下路"的意思

解析：显示出闽江流域通海，海洋经济发达的特点。同时，作为市面的主要流通商品，也可以展现福州台江两岸作为、服务城市消费与进出口贸易的地区商业枢纽之地位。有商业集贸中心的地位，因此还可以看到现在的台江以小商品批发作为主要的经营样式。是有其历史根源和地缘特色。

板书：风土　交通：航运发达　物产：果香鱼鲜

4."帆樯无数泊南台"

补充：A."洲"的出现：义洲、后洲、汀洲、鸭姆洲、楞岩洲、帮洲、瀛洲、三县洲、中洲……

B."上下杭"，源自"上下航"。

板书：区别"洲"和"州"

台江竹枝词四首（其一）

李彦彬

满江光彩漾晴光，拍掉风来不畏狂。

唤取邻舟相并去，侬家世在大桥旁。

作者简介：李彦彬，字则雅，福州人。清道光三年（1823）进士。与林则徐同为宜南诗社社员。

板书：人情　父辈辛劳　敢闯敢拼

南台竹枝词十首（其三）

谢道承

儿郎三五斗豪华，貂帽重裘暗自夸。

昨夜阿爷赶鱼市，芒鞋水裤日初斜。

5. 理解"儿郎""三五""暗自夸""水裤"的意思，以及诗歌里表达出来的感情

板书：人情　儿郎纨绔　不知惜福

台江竹枝词二首（其二）

吴赞韶

宾朋聚饮醉流霞，十里游踪处处嘉。

不是寻僧便访艳，梅花看后看桃花。

板书：人情　文人雅士　安逸闲适

三、品味福州文化

1. 在《家乡文化》单元中，我们深入学习了我们的家乡福州的许多知识。寻到了南台的"根"，品味了南台文化中独特的"意韵"，但福州之"韵"不仅含于"意韵"，更有它独特的"音韵"；现在就让我们一起来品品"南台竹枝词"中的"音韵"之美。

2. 朗读竹枝词（做普通话和方言朗读的对比）。

教师引导：竹枝词既然原本是民歌，那最好的朗读应该是还原它的本土语音，请学生找自己喜欢的一首用方言朗读。

3. 听方炳桂先生朗读，品味其中的韵味。

4. 请学生用福州话跟读，要求要读出其中的韵味。分逐句跟读、全文朗读、自主吟诵三层次递进。

四、总结

1.南台的"根"，福州的"韵"（意蕴与音韵）。

2.守望乡土，守望乡音。

五、布置作业

题目：请阅读以下四首竹枝词，选择其中一首写出 300 字左右的鉴赏文章。

南台竹枝词四首（其三）

郑开禧

送客江头酒一樽，尚书庙口日黄昏。

莫嫌残酒污襟上，留取他年认旧痕。

作者简介：郑开禧，字迪卿。清嘉庆六年（1801）进士。

南台上元夜竹枝词十二首（其一）

吴玉麟

摸鱼跳索捉迷藏，面具灯衣戏要忙。

更有撞蛇结衣服，大家齐唱月光光。

作者简介：吴玉麟，字协书，闽县人，清代宦台学官。

福州竹枝词三十五首（其一）

王式金

钓台人去霸图空，浩渺长江海气通。

每到踏青珠翠满，许多儿女吊英雄。

作者简介：王式金，字南如，福州人，清道光二十七年（1847）

优贡生。

福州竹枝词三十五首（其三）

王廷俊

花旗国土伪文儒，万晨传来海外书。

讲席别开三教外，飞仙菲佛是耶稣。

作者简介：王廷俊，字伟甫。清道光二十四年（1844）举人。

《家乡文化：竹枝词里的福州南台》教学设计评析

　　《家乡文化：竹枝词里的福州南台》是一节以地方文化为载体的语文探究课。课程以福州南台的竹枝词为切入点，通过鉴赏诗歌、方言诵读、史料分析等环节，引导学生从文学、历史、语言多维度感知家乡文化。执教者蔡勤老师巧妙融合翻转课堂、合作探究与信息技术手段，将语文教学从知识传授转向文化浸润与心智培育。以下从教学设计亮点、学生心智成长促进、教学方法有效性及改进建议四方面展开评析。

一、教学设计的创新亮点

1. 翻转课堂与信息技术赋能

　　课前通过 QQ 群、音频软件等平台，引导学生自主查阅闽江流域地理、南台历史文献及竹枝词背景资料。这一设计打破了传统课堂的时空限制，培养了学生信息筛选与整合能力。例如，学生通过《台江地方志》《名城的记忆》等资料，初步构建南台历史认知框架，为课堂深度学习奠定基础。

2. "以诗证史"的跨学科视角

课程以竹枝词为史料，将文学与历史有机结合。例如，通过谢道承的《南台竹枝词》分析清代南台的"江域宽广"与"航运发达"，引导学生从诗句中提炼历史信息。这种跨学科思维训练，既强化了文本解读能力，又深化了学生对家乡地理与经济变迁的理解。

3. 方言诵读与音韵体验

教学中设置福州方言诵读环节，通过对比普通话与方言的音韵差异，凸显竹枝词作为民歌的乡土特质。方炳桂先生的方言示范录音，更让学生直观感受语言背后的文化生命力，激发对方言传承的自觉意识。

二、学生心智成长的多元促进

1. 文化认同与历史意识的扎根

课程以"寻根南台"为主线，通过竹枝词中的"钓龙台""上下杭"等地名解析，唤醒学生对家乡历史的情感共鸣。例如，教师结合"台江"与"南台山"得名由来，借助《志社诗楼记》等史料，帮助学生理解地名背后的文化记忆。这种教学策略不仅传授知识，更让学生意识到自身与历史的血脉联系，从而增强文化归属感。

2. 语言感知与表达能力的提升

方言诵读环节是课程的亮点之一。学生通过模仿、跟读福州话版竹枝词，体会"银钏金钗来负水"的节奏感与"帆樯无数泊南台"的韵律美。这一过程不仅锻炼了语言表达能力，更让学生在音韵对比中领悟方言的独特表达逻辑，培养对母语文化的敏感性。

3. 批判性思维与分析能力的培养

在赏析竹枝词时，教师以问题链驱动思考："诗歌描绘了怎样的场景？反映了哪些社会风貌？"例如，李兆麟诗中"香柑文旦与仁栽"一句，学生需结合闽江通海的地理特征，分析台江作为"商业枢纽"

的历史地位。这种从文本到现实的迁移分析，培养了学生逻辑推理与批判性思维能力。

4.情感共鸣与审美体验的深化

诗歌中"父辈辛劳，敢闯敢拼"与"儿郎纨绔"的对比，引导学生反思代际价值观差异。通过品读"梅花看后看桃花"的闲适雅趣，学生既感受到古代文人的审美情趣，也在情感共鸣中形成对乡土文化的深层认同。这种审美体验与情感教育的融合，促进了学生情感心智的成熟。

三、教学方法与策略的有效性

1.问题引导与探究式学习

教师以"南台碑石上的'台'字何解"等开放式问题切入，激发学生探究兴趣。课堂中，学生通过小组合作分析竹枝词，如讨论"泊南台"与"上下航"的关联，既锻炼了协作能力，又深化了知识建构。

2.多种资源的整合运用

课程综合运用地图、老照片、方言音频等资源，构建多感官学习情境。例如，展示"明末清初古南台十景"链接资料，学生通过视觉化史料更直观地理解诗歌中的"青山在镜中"等意象，增强了空间想象力。

3.分层递进的语言实践

方言诵读设计为"逐句跟读—全文朗读—自主吟诵"3个层次，兼顾不同学生的语言基础。这种阶梯式训练既降低了学习焦虑，又逐步提升学生的语言自信与文化认同。

总之，本节课以语文为载体，通过文化寻根、语言体验与思维训练，实现了知识传授与心智培育的双重目标。学生不仅习得了文本分析能力，更在历史回溯、方言感知与情感共鸣中，完成了对家乡文化的价值重构。这启示我们，语文教学应超越工具性导向，以文化浸润为路径，助力学生成长为有根、有情、有思的完整的人。

《江城子·乙卯正月二十日夜记梦》教学设计及评析

执教者：蔡勤

教学评析：林育　（福州二中）

【教学目标】

1.学生能够理解词的基本内容，品味词中情景交融的艺术手法，体会作者用词的精妙，提升诗词鉴赏能力。

2.深切感受苏轼对亡妻真挚深沉的思念之情，提升学生对人间真情的理解与感悟。

3.对诗歌运用的表达技巧进行鉴赏，感受诗歌表情达意的独特美。

4.文化传承与理解：通过鉴赏古代诗歌，感受中国传统文化的独特魅力，增强文化自信。

【教学重点】

理解词的内容和作者以梦写情、虚实结合的表现手法，体会苏轼对亡妻的深厚情感。

【教学难点】

领会词中看似平淡质朴却饱含深情的语言特点，感受作者在梦境与现实交织中抒发的复杂情感。

【教学方法】

诵读法、情境教学法、问题引导法、小组合作法。

【教学过程】

一、导入

（一）情境创设

播放一段轻柔哀伤的古典音乐，同时在屏幕上展示一组体现夫妻恩爱的图片，营造出温馨而略带感伤的氛围。

在我国古代文学的长河中，爱情一直是文人墨客笔下永恒的主题。有"愿得一心人，白首不相离"的执着追求，有"身无彩凤双飞翼，心有灵犀一点通"的心灵契合。今天，让我们走进苏轼的内心世界，去感受他对亡妻那穿越时空、深沉真挚的思念之情。

（二）知人论世

苏轼，北宋著名的文学家、书画家，一生仕途坎坷，却始终保持着豁达乐观的心态。然而，有一段感情却成为他心中永远的痛，那便是他与亡妻王弗的爱情。这首词是苏轼为悼念原配妻子王弗而作。王弗与苏轼结发为夫妻，她知书达理，聪慧过人，与苏轼夫妻情深。可惜天妒良缘，王弗年仅27岁就病逝了。10年后，苏轼在密州任知州时，一天夜里梦到了亡妻，醒来后悲痛万分，于是写下了这首感人至深的千古悼亡词《江城子·乙卯正月二十日夜记梦》。

二、初读感知

教师有感情地进行范读，要求学生在倾听过程中注意字音的准确、节奏的把握以及语调的抑扬顿挫。例如："十年/生死/两茫茫，不思量，自难忘"，语速稍慢，语调低沉，读出沉痛之感。

学生自由朗读，并请两到三名学生进行朗读展示，教师进行总结和指导，强调朗读时要融入情感，读出苏轼对亡妻的思念与沉痛。

全班齐读，在朗读中初步感受词的情感基调。

三、文本探究

（一）理清思路

上阕：——（现实）梦前相思

下阕：前五句——（梦境）梦中相逢

后三句——（现实）梦醒独悲

（二）研读上阕——梦前

1.词作明明是写了词人对亡妻的深切怀念，应该"常思量"才对，为什么词人又说"不思量，自难忘"，这样写是否矛盾？

明确：不矛盾。"不思量，自难忘"，写生者对死者的思念。"不思量"不是真的不去思量，而是因为相思实在太苦，太伤人，故而不敢思量，故而不敢思量，但结果却是"自难忘"——相思太苦、旧情难忘。

2.作者说自己"尘满面，鬓如霜"，而其时不过40岁，如何理解？

明确：

（1）政治失意。这十年，正是围绕王安石变法，革新派与守旧派的斗争愈演愈烈的时候，苏轼被卷进了这场旋涡之中，身不由己，宦海沉浮。

（2）屡遭贬谪，身心俱疲。苏轼不断地被外放，左迁，流徙，历尽沧桑，备尝艰辛，已是"尘满面，鬓如霜"了。

（3）丧妻之痛。跟妻子死别10年来的痛苦经历、感情都蕴含在这6个字里了。

小结：上阕主要写作者对亡妻的深沉思念。开篇即点明生死相隔十年的残酷现实，接着表达了自己对妻子难以忘怀的情感，即使不去刻意想念，这份思念也如影随形。随后描绘了自己因仕途奔波、生活困苦而变得沧桑的形象，想象即便与亡妻相逢，她也可能认不出自己，进一步强化了内心的凄凉与孤独。

板书：

上阕：死别之痛、相思之苦、身世之感——记事、抒情

（三）研读下阕——梦中、梦醒

1.这首词的题目是"记梦"，词人在梦中梦到了什么？表现了怎样的思想感情？

明确：词人梦见自己回到了故乡，妻子正像当年一样，凭窗梳妆，夫妻相见，千言万语不知从何说起，惟有相顾垂泪，这表现了词人对亡妻的深切怀念之情。

2. 梦中相聚，应该有千言万语要倾诉，可是却"相顾无言，唯有泪千行"，为什么？

明确：夫妻相见，自有万端感慨，万语千言，但不知道从何说起。此时语言又是那么笨拙和苍白啊，不如流泪。泪眼凝望，自会读出对方的关切、爱抚。

3. 梦醒了，展现在作者脑海中的又是什么呢？

明确："明月夜，短松冈"营造了悲凉肠断的环境氛围。词人的思绪又回到了上阕的"千里孤坟"处。短松岗，即指王弗的墓地。词人推想妻子的亡灵在年年的明月之夜，在遍植松树的坟地上，该是何等伤心断肠！

小结：下阕转入梦境描写。作者在梦中回到了故乡，看到妻子正在小轩窗前梳妆，夫妻二人相见却无言以对，唯有泪千行，生动地展现出重逢时的复杂情感。最后，作者又回到现实，想象着妻子的坟茔在明月夜的短松冈上，自己每年都会在那里肝肠寸断，以景结情，余韵悠长。

板书：

下阕：梦中相逢之喜和醒后之悲——写人、记事、抒情

四、艺术特色分析

组织学生分组讨论这首词的艺术特色，要求每个小组从词的表现手法、语言风格等方面进行分析，并推选一名代表进行发言。

小组代表发言后，教师进行总结和补充：

（一）虚实结合

上阕实写作者对亡妻的思念以及自己的现状，下阕虚写梦境中与妻子的相逢，虚实相生，将现实的凄凉与梦境的温馨相互映衬，使情

感表达更加深沉、真挚。

（二）细节描写

"小轩窗，正梳妆"通过细腻的细节描写，生动地再现了妻子生前的生活场景，勾起了作者对往昔美好生活的回忆，增强了情感的感染力。"相顾无言，惟有泪千行"则抓住了夫妻重逢时的表情细节，将那种千言万语尽在泪水中的复杂情感刻画得入木三分。

（三）情景交融

"明月夜，短松冈"描绘了一幅凄凉的画面，明月照耀下的短松冈上，埋葬着自己的亡妻，此景饱含着作者无尽的思念与哀伤，达到了情景交融的艺术境界。

（四）语言质朴自然

整首词语言通俗易懂，没有华丽的辞藻堆砌，但却饱含深情，如"十年生死两茫茫，不思量，自难忘"，用最平实的语言表达出了最真挚、深沉的情感，具有打动人心的力量。

五、拓展延伸

在屏幕上展示元稹的《离思五首·其四》："曾经沧海难为水，除却巫山不是云。取次花丛懒回顾，半缘修道半缘君。"请学生自主阅读，比较这首诗与苏轼《江城子》在表达对亡妻情感上的异同点。

学生思考后进行发言，教师总结：两首诗词都表达了对亡妻深切的思念和忠贞不渝的爱情。不同之处在于，元稹的诗运用了比喻、夸张等手法，以"沧海""巫山"作比，表达出对亡妻的深情独一无二、无可替代；而苏轼的词则通过虚实结合的梦境描写、细节刻画以及质朴自然的语言，将对亡妻的思念之情表达得更为细腻、深沉，充满了生活气息。

六、课堂小结

今天我们一起学习了苏轼的《江城子·乙卯正月二十日夜记梦》，

通过反复诵读、深入分析，我们理解了这首词的内容，感受到了苏轼对亡妻王弗那跨越生死的深沉思念。苏轼以梦为依托，将现实与梦境交织，用朴实无华的语言和细腻入微的描写，为我们展现了一段感人至深的爱情。希望同学们在课后能够再次诵读这首词，用心去体会其中的情感，同时也能从苏轼的作品中汲取更多的文学养分，提升自己的诗词鉴赏能力。

七、布置作业

背诵并默写《江城子·乙卯正月二十日夜记梦》。

以"苏轼，我想对你说"为题，写一篇300字左右的短文，表达自己对苏轼在这首词中所表达情感的理解，以及从苏轼身上所获得的人生感悟。

《江城子·乙卯正月二十日夜记梦》教学设计评析

苏轼的《江城子·乙卯正月二十日夜记梦》是悼亡词中的千古绝唱，其深沉的情感与高超的艺术手法为语文教学提供了丰厚的育人资源。执教者蔡勤老师以这首词为载体，通过情境创设、文本细读、艺术分析等环节，引导学生从情感体验、思维训练与文化浸润中实现心智的全面发展。本课不仅展现了古典诗词的文学魅力，更在潜移默化中培养了学生的情感共鸣能力、批判性思维与文化自信。以下从教学设计特色、心智成长促进两方面展开评析。

一、教学设计的核心特色

1.情感浸润与情境创设

课程以哀婉的古典音乐与夫妻恩爱的图片导入，迅速将学生带入苏轼的情感世界。这种多感官情境的营造，打破了学生与古典诗词的时空隔阂，使"十年生死两茫茫"的沉痛不再是抽象的文字，而是可感可触的情感流动。教师通过"知人论世"环节，补充苏轼与王弗的爱情故事，帮助学生理解"不思量，自难忘"背后的复杂心境，为后续的深度探究奠定情感基础。

2.文本细读与问题驱动

教师以"为何'不思量'却'自难忘'""四十岁的苏轼为何'尘满面，鬓如霜'"等问题链驱动课堂，引导学生从文本细节中挖掘情感与历史内涵。例如，学生通过分析"尘满面"背后的政治失意与丧妻之痛，不仅理解了苏轼的个人命运，更感悟到时代洪流下个体的渺小与坚韧。这种问题导向的教学，将知识学习转化为思维训练，促进学生从表层理解走向深层共情。

3.跨文本比较与思维拓展

在拓展环节，教师引入元稹的《离思》，要求学生比较两首悼亡诗的异同。学生通过讨论发现，元稹以"沧海巫山"的宏大比喻表达忠贞，而苏轼则以"小轩窗，正梳妆"的日常细节传递深情。这一对比不仅深化了学生对艺术手法的理解，更培养了其批判性思维与跨文本分析能力，使学习从单一文本走向多元文化视野。

二、对学生心智成长的深度促进

1.情感共鸣与人性体悟

苏轼对亡妻的思念跨越生死，而学生正值青春期，对亲情、友情的体验日益深刻。课程通过"相顾无言，惟有泪千行"的细节分析，引导学生体会"无声胜有声"的情感张力。学生在讨论中逐渐意识到，真挚的情感无须华丽辞藻，平凡细节反而更具感染力。这种情感教育不仅帮助学生理解苏轼的悲痛，更启发他们反思自身的情感表达方式，促进其情感心智的成熟。

2. 历史意识与生命哲思

教师将苏轼的个人命运置于北宋政治变革的背景下，揭示"尘满面，鬓如霜"不仅是外貌描写，更是宦海沉浮与人生困顿的缩影。学生由此领悟到，文学作品不仅是作者的情感宣泄，更是时代与个体命运的镜像。这种历史视角的融入，培养了学生的宏观思维，引导他们从文学中观照现实，形成对生命价值的深层思考。

3. 审美能力与文化自信

课程通过分析虚实结合、情景交融等艺术手法，让学生领略古典诗词的审美特质。例如，"明月夜，短松冈"的以景结情，使学生感受到中国文学"含蓄蕴藉"的美学传统。同时，教师在拓展环节强调苏轼"豁达中的深情"，帮助学生理解中华文化中"哀而不伤"的情感表达范式。这种审美体验与文化解读，增强了学生对传统文化的认同感与传承意识。

4. 语言感知与表达锤炼

朗读贯穿课堂始终，教师通过范读、学生展示、齐读等形式，要求学生在语调、节奏中传递情感。例如，"十年生死两茫茫"的缓慢低沉，"小轩窗，正梳妆"的轻柔怅惘，使学生通过语音的抑扬顿挫体会词作的情感层次。这一过程不仅提升了学生的语言感知力，更让他们在实践中领悟到"言为心声"的表达真谛。

蔡勤老师的《江城子》教学，以情感为纽带，以思维为路径，以文化为根基，构建了一个多维立体的语文学习场域。学生不仅习得了古典诗词的鉴赏方法，更在情感共鸣、历史反思与审美体验中，完成了对自我、他人与文化的深度认知。这启示我们，语文教学的本质在于"立人"——通过文学的温度照亮心智，通过文化的厚度滋养灵魂，最终培养出有情、有思、有根的新时代青年。